Für M. und I.

4ª reimpresión, 2014

© Editorial Idiomas, S.L. Unipersonal, 2007
© Leonhard Thoma, 2007

Depósito Legal: M-41253-2007
ISBN: 978-84-8141-036-5

Editoras/Verlegerinnen: Michaela Hueber, Sophie Caesar
Redacción/Redaktion: Christiane Seuthe, Sophie Caesar
Maquetación/Lay-Out/: Ana Conde
Fotos: Veronika Immler, August Alain Miret, Miguel Vega
Diseño cubierta/Umschlaggestaltung: Ana Conde, Conny Schmitz

Impresión/Druck: Javelcom Gráfica, S.L.
Producción/Produktion CD: CD-Duplisystem, S.L.

Das Idealpaar

Das Idealpaar

Also, Meike und Torsten, die zwei ... einfach ideal! Ja, das gibt es noch. Wie schön!

Ihre Hobbys, ihre Interessen, fast identisch. Beide reisen gern, beide sind Naturfreunde, und beide gehen gerne aus: ins Kino, ins Konzert, ins Restaurant.
Er liebt italienisches Essen, sie auch. Beide interessieren sich für moderne Kunst. Sie mag Picasso. Er auch. So viel gemeinsam! Einfach perfekt!

Natürlich gibt es auch Unterschiede. Aber das macht ja nichts. Das ist absolut normal.
Sie liebt Woody Allen. Er findet ihn ein bisschen neurotisch. Na und? Er kann auch mal einen Woody-Allen-Film sehen. Ist doch klar!
Er mag Krimis. Die gefallen ihr nicht so. Aber es gibt auch intelligente Krimis, das stimmt schon.
Alles eine Frage der Toleranz. Diese Unterschiede sind kein Problem, im Gegenteil: Man hat ein Thema für ein gutes Gespräch, für eine interessante Diskussion.

Auch mit den Berufen ist das so: Er ist Lehrer am Gymnasium und hat immer lustige Anekdoten aus der Schule. Sie ist Journalistin und trifft oft interessante und wichtige Persönlichkeiten aus Politik, Sport und Kultur.

Manche Unterschiede sind sogar komplementär.
Er kommt früh nach Hause und kocht gerne. Sie kommt später und spült gerne ab. Aber sie hasst Bügeln, und ihm macht Bügeln richtig Spaß. Fantastisch, oder?

Zum Putzen haben beide keine Zeit, aber da kann ja eine Putzfrau kommen. Ganz einfach!

Auch ihre Stärken sind komplementär, sie ergänzen sich wirklich super. Sie ist Informatikexpertin, er ist bei Computern immer noch ein totaler Anfänger. Aber er kann Regale zusammenbauen und Fahrräder reparieren, und da hat sie zwei linke Hände.
Also wirklich: wie Yin und Yang, die beiden!

Sie denken sogar synchron, das ist fast wie Telepathie. Sie sitzt manchmal im Auto und denkt: Sicher wartet er schon irgendwo auf mich.
Und er liegt in diesem Moment auf dem Sofa im Wohnzimmer und fragt sich: Wann kommt sie endlich?

Natürlich gibt es auch andere Unterschiede. Nicht so komplementär, aber auch kein Problem. Jeder hat seine Freiheiten und das ist gut so.
Montags spielt er mit seinen Kollegen Volleyball, sie macht einen Yoga-Kurs. Mittwochs trifft sie meistens ihre Freundinnen, er bleibt zu Hause und liest oder sieht fern.
Im Kaufhaus geht sie sofort zur Mode und er zu den Büchern. Sie mag Schuhgeschäfte, ihn machen diese Läden nervös. Aber sie kann ja gut alleine Schuhe kaufen.
Am Wochenende fährt sie manchmal zu ihrer Mutter und er besucht seine Eltern. Aber oft fahren sie beide in die Berge: im Sommer wandern, im Winter Ski fahren.

Was für eine Harmonie, nicht wahr? Absolut ideal.
Und es gibt noch mehr Parallelen ... Was? Noch mehr?
Nun, beide wohnen in München.

Und beide sind Singles.
Sie kennen sich nicht.
Wie schade!

Mein Haus ist dein Haus

Wir waren in den Ferien in Marokko. Marokko ist
wunderschön! Und die Leute sind so nett. Und so
gastfreundlich. Wirklich toll! Du gehst durch die Straßen, sie
sehen dich und grüßen, und schon beginnt ein Gespräch:
‚Woher kommen Sie? Wie finden Sie unsere Stadt?'
Viele sprechen Englisch oder Französisch und manche auch
Deutsch. Die Kommunikation ist kein Problem. Immer wollen
sie helfen. Sie erklären dir gerne den Weg, oft kommen sie auch
mit und zeigen dir etwas: den Markt, die Moschee, das Stadttor.
Und dann laden sie dich ein: nach Hause, zu einem Tee oder
einem Essen. Sie stellen dir ihre Familie vor und du kannst
gerne Fotos machen.
Also wirklich, das ist Reisen! Faszinierend und so authentisch!
Das Essen ist für uns natürlich sehr exotisch. So scharf! Aber
man muss es mal probieren. Und dann schenken sie dir auch
noch etwas: Souvenirs aus Marokko, eine Tasche, ein Tuch,
einen Teller. Du musst nichts mehr kaufen.
Das ist wirklich unglaublich: Sie sind so arm, aber sie geben
und schenken alles und wollen nichts.
Du willst sie einladen, bezahlen, aber das akzeptieren sie nicht.
‚Du bist unser Gast, mein Haus ist dein Haus', das hört man die
ganze Zeit.

Jetzt sind wir wieder zu Hause. Wieder die Arbeit im Büro,
wieder der Alltag. Aber wir haben ja die Fotos. Einige hängen
im Wohnzimmer an der Wand. Der Teller steht auf dem
Küchentisch. Mit Obst. Und mit der Tasche gehen wir
manchmal einkaufen.

Unten im Haus wohnt übrigens auch ein Marokkaner. Schon

Dr. Castrop
Dr. Hillerer

Caesar Völker

Gambhatesa

Reynolds

Maier
Blöchl

Ben Jelloun

Jakobi
Schultes

Schönhammer

Schillmeier

ein paar Wochen, oder Monate. Alleine, ohne Familie.
Was macht er hier? Das wissen wir nicht.
Wir treffen ihn manchmal, im Korridor oder auf der Straße.
Auch er grüßt freundlich, auch er spricht wahrscheinlich ganz
gut Deutsch.
Aber er lädt uns nie ein.

Frühstück

Herr Posen steigt aus dem Lift und betritt die Hotelhalle. Ein Blick zur Rezeption: Dort stehen schon einige Gäste. Schlüssel in der Hand, Koffer auf dem Boden, bereit zur Abreise.
Herr Posen kommt näher, sieht auf das Regal hinter der Rezeption, wo die Schlüssel hängen und die Nachrichten stecken.
Er schaut auf die Uhr, 8 Uhr 35, er hat noch genügend Zeit. Er nimmt sich eine Zeitung von der Theke und geht in das Hotelrestaurant. Dort wird das Frühstück serviert. Ein Buffet, ein sehr gutes Buffet.
Er weiß das, er ist öfter hier, ein- oder zweimal im Monat.
Er kennt auch andere Hotels in dieser Stadt. Alle nicht schlecht, aber das ‚Atrium' mag er besonders.
Warum? Ist es das noble Design? Nein, das ist normal für ein 4-Sterne-Hotel. Auch das Publikum ist typisch: Geschäftsleute, manchmal ein Filmteam oder Musiker, selten Touristen. Die Lage ist gut, sehr zentral, aber so liegen viele Hotels hier. Wahrscheinlich ist es wirklich das Frühstück. Einfach exzellent!
Er liebt dieses Ritual. Zuerst holt er sich ein Glas Orangensaft und zwei Croissants und setzt sich an einen Tisch am Fenster. Der Blick auf die Straße. Draußen die große Kreuzung, die Tristesse eines Wintermorgens, der Stress, der Lärm, die Hektik. Diese rastlose Menschenmenge, durch das Hotelfenster ganz nah und doch so fern. Und hier drinnen, diese angenehme Wärme und diese herrliche Ruhe. Wie gemütlich!
Herr Posen beißt in sein Croissant. Er weiß, er ist privilegiert.

Die Serviererin kommt mit zwei Kannen in der Hand.
„Guten Morgen! Kaffee?", fragt sie lächelnd.
„Ja, bitte", antwortet Herr Posen.

„Mit heißer Milch?"

„Sehr gerne, vielen Dank."

Er mag auch die Höflichkeit des Personals. Er findet die Serviererinnen hier besonders freundlich, und diese Freundlichkeit tut gut. Natürlich ist das ihr Job. Reine Routine. Trotzdem ist Herr Posen dankbar. Diese Arbeit ist nicht einfach. Manche Gäste benehmen sich unmöglich, nur weil sie Kunden sind und ihre Firma viel bezahlt hat.

Herr Posen genießt das Frühstück. Jetzt noch etwas Salziges, ein leckeres Brötchen mit Käse, danach frisches Obst, dazu Joghurt und etwas Müsli. Noch ein Kaffee, noch ein Orangensaft. Dazu die Zeitung. Er liest einige Artikel und sieht sich die Sportresultate an.

Die Serviererin kommt noch einmal, ohne Kannen.

„Entschuldigen Sie", sagt sie mit ihrem wunderschönen Lächeln, „Ihre Zimmernummer noch, bitte."

Herr Posen faltet die Zeitung zusammen.

„314", lächelt er zurück, „314."

Er legt die Zeitung auf den Tisch und sieht auf die Uhr. Viel Zeit hat er nicht mehr. Er leert die Tasse, und kratzt den Joghurtbecher aus. Dann sucht er in seiner Tasche. Zwei 50-Cent-Stücke. Er legt sie neben den Teller. Ein kleines Trinkgeld.

Er geht zurück in die Hotelhalle, von dort nach draußen. Immerhin, die Sonne scheint jetzt. Auf der anderen Straßenseite sieht er noch einmal zurück.

Wirklich ein schönes Hotel, das „Atrium". Sein Lieblingshotel. Das Frühstück, das Personal, der Blick aus dem Fenster. Alles fünf Sterne. Über die Zimmer kann er nichts sagen. Er hat hier noch nie geschlafen. In drei, vier Wochen kommt er wieder.

Fröhliche Studenten

„Pause", sage ich, „zwanzig Minuten."
„So kurz?", protestiert meine Klasse, „eine halbe Stunde, bitte,
bitte!"
„Also gut, bis Viertel vor sieben, aber dann pünktlich, wir
haben noch viel vor."
„Danke, sehr nett", höre ich sie sagen und schon sind sie weg.

Ich bin gar nicht nett, nur ... ich kann die halbe Stunde auch
gut brauchen. Der Unterricht ist anstrengend. Alle sind müde,
ich auch. Endlich Pause! Dieser Sprachkurs ist wirklich stressig.
Sommerintensivkurs. Jeden Tag vier Stunden Deutsch. Hart für
die Studenten, aber auch für den Lehrer. Vier Stunden
Programm, effektiv und attraktiv, und mit viel Variation, bitte
schön. Täglich ein bunter Nachmittag, eine kleine Show mit
Spiel und Spaß, das wollen die Studenten.
Meine Damen und Herren, ich präsentiere Ihnen heute ... das
Perfekt!
Akkusativ als Aperitif, die Inversion als Event. Aber tut mir leid,
nicht alles kann Abenteuer sein, es gibt auch Arbeit. So ist das!
Heute ist es besonders schwierig. Alle sind kaputt, niemand
spricht, keiner hat Lust. Okay, es ist Freitag, fast Wochenende.
Und draußen fast 30 Grad. Nicht das ideale Wetter für Deutsch.
Aber gibt es ein ideales Wetter für Deutsch? Muss es regnen
und kalt sein?

Na ja, egal, jetzt ist erst einmal Pause. Einen Kaffee und etwas
Süßes, Koffein und Kalorien, dann kann es weitergehen.
Ich gehe wie immer in die Cafeteria der Universität. Ich möchte
alleine sein. Ich muss mich ausruhen. Aber manchmal kommt
ein Student und fragt mich etwas. Das und das versteht er

nicht. Das habe ich gern! Im Unterricht kein Wort, aber jetzt in der Pause kommen sie plötzlich. Aber natürlich antworte ich. Eine kleine Privatstunde und schon ist die Pause weg. Also verstecke ich mich meistens. Auf der Terrasse, hinter einer Zeitung.

Ein Tisch ist noch frei, ich setze mich, ein Schluck Kaffee, ein Stück Schokolade, das tut gut! Hinter mir sitzt eine ganze Gruppe, sechs, sieben Leute. Aber nicht meine Klasse. Zum Glück!

Auch ich will keinen langweiligen Unterricht. Kommunikativ, interaktiv. Bitte schön, sehr gerne! Aber dann müssen sie auch mitmachen. Eine Show ist nur so gut wie ihr Publikum. Und sie sind keine Anfänger.

Ich höre ein lautes Lachen hinter mir und drehe mich kurz um. Die Gruppe am Nebentisch, ein fröhliche Runde, das sieht und hört man. Die haben richtig Spaß, die lachen und quatschen und amüsieren sich.
Wie schön, denke ich. Das gefällt mir, so muss das sein. Warum ist meine Klasse nicht so? Das sind doch auch junge Leute!
Ich verstehe einige Worte: Konzert, WG, Seminar, Stundenlohn ... Die Themen sind klar: die Uni, die Jobs, die Freizeit. Lustige Anekdoten vom letzten Wochenende, große Pläne für die Semesterferien. Ach ja, das schöne Studentenleben!
Und dieser Kontrast! Zwischen ihnen und meiner Klasse! Wir sprechen im Unterricht über die gleichen Themen. Das heißt: Ich spreche, meine Studenten sagen ja fast nichts. Gut, ich weiß, es ist eine andere Situation: Es ist Pause, sie reden in ihrer Muttersprache, und es steht auch kein Lehrer vor ihnen. Das stimmt schon. Ich will nicht ungerecht sein.

Auf jeden Fall tut das gut, diese Gruppe am Nebentisch. Ich glaube wieder an die Jugend und denke an meine Studentenzeit: diese Freude, diese Lebenslust, dieser Enthusiasmus! Unsere Gespräche, unsere Diskussionen. Über Gott und die Welt. Das ist Studieren!

Ich möchte mich an ihren Tisch setzen und diese Geschichten mithören und miterzählen. Noch einen Kaffee und noch einen. Blaumachen und weiterreden und weitertrinken.

Aber das geht natürlich nicht. Ich bin der Lehrer und muss zurück in den Kurs. Ich weiß, ich weiß. Aber vielleicht kann ich das meiner Klasse erzählen. Vielleicht provoziert sie das, vielleicht wachen sie dann auf.

Ich sehe auf die Uhr, die Pause ist zu Ende, schon seit zwei Minuten. Ich komme zu spät, aber das macht nichts. Ich bin jetzt wieder motiviert.

Ich stehe also auf und will noch einmal meine Helden sehen. Jetzt erst bemerke ich es: Fast alle halten Handys in der Hand. Nur zwei haben keins. Und die sagen auch nichts.

Das Mädchen im Zug

Langsam fährt der Zug los. Edgar Staub sieht auf die Uhr: Sechs Uhr fünfzig. Wenigstens ist der Zug pünktlich. So ist er genau um zwölf Uhr in Brüssel. Er kommt rechtzeitig zu der Konferenz. Wie immer.

Er stellt eine Keksdose auf das Tischchen. Sein Frühstück. Er nimmt einen Keks und dann noch einen. Er fährt nicht gern Zug. Das kostet viel Zeit, und ein guter Politiker hat keine Zeit. Also nimmt er normalerweise das Flugzeug. Das Parlament und sein Büro sind in Brüssel, aber seine Familie wohnt immer noch bei Stuttgart. Also kann er nur am Wochenende zu Hause sein. Diese Situation ist nicht sehr angenehm. Seine Frau ist immer alleine und auch für seine beiden Töchter hat Edgar Staub fast keine Zeit. Denn auch zu Hause muss er arbeiten. Abends ist er dann sehr müde und sitzt am liebsten vor dem Fernseher. Mein Gott, das Leben eines Europapolitikers ist leider so!

Heute muss Edgar Staub den Zug nehmen. Probleme am Flughafen, die Piloten streiken. Zum Glück hat er sein Notebook. Er kann die Zeit nutzen und den Text weiterschreiben: seine Rede im Parlament. Zwischen zehn und zwölf Uhr will er dann einige Kollegen anrufen und E-Mails tippen.

Edgar Staub nimmt noch einen Keks und schaltet den Computer ein. In diesem Moment geht die Tür auf. Ein junges Mädchen mit einem großen Rucksack kommt herein. Sie grüßt freundlich und setzt sich ans Fenster. Edgar Staub beginnt zu arbeiten.

„Wohin fahren Sie denn?", fragt das Mädchen plötzlich.

„Äh, nach Brüssel", antwortet Edgar Staub.

„Aha", sagt sie, „und was schreiben Sie da?"

„Äh, eine Rede.“

„Aha.“ Sie lächelt. „Dann sind Sie vielleicht ein Politiker?“

„Ja, das bin ich.“

Edgar Staub sieht das Mädchen kurz an. Sympathisch, aber ein bisschen unfrisiert, findet er. Und ihre Hose ist auch kaputt. Zum Glück sind seine Töchter nicht so. Die sind sicher immer sehr ordentlich. Oder? Er denkt einen Moment nach. Da muss er mal seine Frau fragen.

„Sagen Sie mal“, fragt das Mädchen weiter, „was macht denn ein Politiker den ganzen Tag?“

„Oh“, antwortet Edgar Staub, „ein richtiger Politiker hat immer ein volles Programm. Heute zum Beispiel ist so ein typischer Tag: am Morgen die Korrespondenz, um halb eins eine wichtige Pressekonferenz, nachmittags diese Rede im Parlament und danach ein Arbeitsessen mit Kollegen.“

In diesem Moment hält der Zug, die nächste Station: Karlsruhe.

„Das muss anstrengend sein, richtig stressig“, sagt das Mädchen.

„Ja, das ist ein harter Beruf. Deshalb muss alles genau geplant sein. Zeit ist Geld. Organisation ist alles, dann hat man auch Erfolg.“

„Aha“, sagt das Mädchen, „und wenn etwas passiert?“

„Es passiert nichts, wenn alles gut organisiert ist.“

Edgar Staub lächelt und bietet dem Mädchen einen Keks an.

„Nein danke“, sagt sie, „ich habe gerade gefrühstückt.“

Sie sieht aus dem Fenster. Immer noch der Bahnhof von Karlsruhe.

„Was machen Sie denn?“, fragt nun Edgar Staub und steckt den Keks selber in den Mund.

„Ich habe ein Interrail-Ticket und fahre einen Monat durch Europa."

„Aha“, sagt der Politiker, „und was steht auf dem Programm?“

„Na ja, mal sehen, ich habe ja viel Zeit. Ich möchte gerne die großen Städte sehen. Zuerst Amsterdam und dann vielleicht Paris und London, und vielleicht noch Berlin."
Edgar Staub versteht nicht.
„Vielleicht Paris ... was soll das heißen?", fragt er.
„Nun, ich weiß es noch nicht genau. Mal sehen ..."
Der Politiker schüttelt den Kopf.
„Aber Sie müssen doch einen Plan haben! Sie müssen sich doch über Fahrpläne informieren und dann eine exakte Route machen. Ein Tag Amsterdam, dann Paris, zwei Tage Paris usw. Verstehen Sie?"
„Ja, ich verstehe, aber ..."
„Was aber?", ruft er.
„Ich will gar nicht so genau planen."
Edgar Staub schüttelt wieder den Kopf.
„Aber das ist doch toll, einen Plan haben und ihn dann realisieren. Und viel effektiver. Sie sparen Zeit und sitzen nicht so lange im Zug, das ist doch verlorene Zeit."
„Nein, das finde ich nicht", antwortet das Mädchen, „im Zug hat man endlich Zeit zum Lesen oder man lernt interessante Leute kennen. Man schläft eine Nacht und wacht in einem anderen Land auf. Ich kann aussteigen, wo ich will, und fahre weiter, wann ich will. Das gefällt mir."
Es entsteht eine kleine Pause.
„Sind Sie schon einmal im Hyde Park gewesen?", fragt das Mädchen.
Edgar Staub schüttelt den Kopf.
„Und im Louvre?"
„Nein, auch nicht", antwortet der Politiker und versucht zu lächeln.
„Wissen Sie, ich bin beruflich manchmal in Paris und London, aber da bleibt für Spaziergänge und Museen einfach keine

Zeit."

Er zeigt auf die Keksdose.

„Sie sehen ja, ich habe nicht mal Zeit, ordentlich zu frühstücken."

„Schade", sagt das Mädchen, „na ja, ich freue mich schon."

Edgar Staub beißt in den letzten Keks. Er sieht aus dem Fenster. Der Zug steht immer noch in Karlsruhe. Schon seit zwanzig Minuten.

„Was ist denn hier los?", ruft er. „Das ist doch nicht normal!"

„Warten Sie, ich frage mal", sagt das Mädchen und steigt aus dem Zug. Fünf Minuten später ist sie wieder zurück.

„Ein technischer Defekt", sagt sie, „der Zug kann wahrscheinlich erst in zwei oder drei Stunden weiterfahren."

„Was?", ruft Edgar Staub und schaut aus dem Fenster. „Das darf doch nicht wahr sein!"

„Ist doch nicht so schlimm", lächelt das Mädchen, „jetzt können Sie wenigstens in aller Ruhe einen Kaffee trinken."

Sie nimmt ihren Rucksack.

„Ich steige aus. In zehn Minuten fährt ein Zug nach Paris. Auf Wiedersehen!"

In der Tür dreht sie sich noch einmal um.

„Ach ja, und viel Erfolg mit Ihrer Rede. Was ist denn das Thema?"

„Progression durch Präzision", sagt Edgar Staub leise und ein bisschen blass im Gesicht.

Der Besuch

Sie können aber gerne eine Nachricht hinterlassen ...

Hey Jörg, ich habe deine Nachricht gehört. Mensch, klar kenne ich dich noch. Wir sind doch Cousins! Oder Großcousins? Egal. Du kommst also am Wochenende nach Berlin. Prima, ich bin hier. Und abends habe ich auch Zeit. Ruf einfach an! So ab 18 Uhr, da bin ich meistens zu Hause. Dann treffen wir uns. Wie heißt dein Hotel? Ich kann dich dort gerne abholen. Dann trinken wir ein paar Bier und sprechen über alte Zeiten. Wir haben doch immer Fußball gespielt, im Garten von Tante Rosa. Stundenlang. Und danach Limo und Kuchen auf der Terrasse. Und die lustigen Streiche mit den Mädchen! Weißt du noch? Das war klasse!

Sie können aber gerne eine Nachricht hinterlassen ...

Hallo Jörg, ich bin es. Ich habe deine Nachricht bekommen. Du hast also für Samstag noch kein Hotel. Kein Problem, da bin ich Experte. Mein Tipp ist das ‚Fitz' in der Einfallstraße. Die Nummer findest du im Internet.
Die Fußballkarten für den Abend kann ich organisieren. Dein Traum: einmal im Olympiastadion! Du bist also immer noch ein Fan. Klar, ich komme auch mit. Logisch. Der Spaß ist nicht ganz billig, aber die Atmosphäre ist echt super. Wie lange bleibst du in Berlin? Und was hast du vor? Kommst du beruflich oder ist das ein Kurzurlaub?

Sie können aber gerne eine Nachricht hinterlassen ...

Jörg, bist du da? Hallo? Nein? Junge, du bist ja nie zu Hause. Aber gut, ich ja auch nicht.

Mit dem Hotel gibt es also Probleme. Samstag, klar, und das
Fußballspiel ... Aber sicher kannst du eine Nacht hier schlafen.
Ich habe kein Gästezimmer, aber ein Sofa im Wohnzimmer.
Das ist okay. Kein Problem.
Die Karten habe ich auch. Ganz schön teuer. Lieber Mann!
Aber du bist ja nur einmal hier. Und privat also,
Familienbesuch. Sag mal, haben wir noch Familie hier? Das ist
ja interessant! Oder ist das die Familie deiner Mutter?

Sie können aber gerne eine Nachricht hinterlassen ...

Jörg, hör mal, kannst du nicht mal abends anrufen? Und wann
bist du zu Hause? Ich möchte mal direkt mit dir sprechen.
Das Hotel ist also voll bis Dienstag, sagst du? Und alles so
teuer? Ja, das stimmt. Na ja, theoretisch geht es. Aber weißt du,
die Wohnung ist wirklich sehr klein und das Sofa nicht sehr
bequem. Warum fragst du nicht zuerst deine Familie? Vielleicht
hat sie mehr Platz. Fragen kostet ja nichts.

Sie können aber gerne eine Nachricht hinterlassen ...

Jörg! Jörg! Bist du da? Das kann doch nicht wahr sein! Du
musst doch mal zu Hause sein!
Also, du hast keine Familie in Berlin. Die Familie bin ich. Okay,
ich verstehe. Von Samstagnachmittag bis Dienstag also ... und
mit einer Freundin. Na ja, das Sofa, für zwei ..., ich weiß nicht.
Aber gut, egal, wie du willst. Einverstanden.
Sie kann dann auch meine Karte haben. Gerne. Ich muss das
Spiel nicht sehen. Ich kann jede Woche gehen. Ich habe auch
genug Arbeit. Wirklich. Kein Problem. Aber ruf mich bitte noch
einmal an! Und abends bitte, abends! Verstehst du? Abends!

Sie können aber gerne eine Nachricht hinterlassen ...

Hallo, hallo! Jörg? Hörst du mich? Schon wieder weg? Mensch, 16 Uhr 37 ist nicht abends! Du, wir müssen noch einmal sprechen! Sofort! Hörst du? So geht das nicht!
Deine Freundin mag keinen Fußball? Und für dich ist das Spiel auch nicht so wichtig? Ihr wollt gemütlich zu Hause bleiben und ich soll gehen?
Aber Entschuldigung, was soll das denn heißen? Ich? Und mit wem bitteschön? Heute ist Donnerstag, das Spiel ist schon übermorgen. Da finde ich niemanden mehr. Wer zahlt denn vierzig Euro für so ein Spiel?
Und noch was ... der Junge im Garten bei Tante Rosa, das warst doch du, oder? Und die Limo und der Kuchen und die lustigen Streiche und so. Das weißt du doch noch, oder ...?

Sie können aber gerne eine Nachricht hinterlassen ...

Jörg! Hallo! Hallo! Jörg? Das kann doch nicht wahr sein! Du musst zu Hause sein. Deine Nachricht ist doch erst fünf Minuten alt. Wir müssen sprechen, hörst du? Jetzt sofort. Ich verstehe nichts mehr! Gar nichts!
Was heißt das bitte: Der Sohn von deiner Freundin kommt auch? Er liebt Fußball und ich kann ihn gerne ins Stadion mitnehmen? Und wo soll der bitte schlafen? Auf dem Boden, auf dem Boden! Nein, hier schläft niemand auf dem Boden, verstehst du? Es gibt hier keinen Boden. Die Wohnung ist verdammt klein, das habe ich doch gesagt!
Und was heißt bitte ‚früher kommen‘? Jetzt ist doch schon Freitagabend. Morgen Vormittag oder was? Hey, das geht nicht. Absolut nicht. Tut mir leid. Unmöglich! Morgen Vormittag, da bin ich gar nicht hier. Da gehe ich einkaufen, ich habe nichts zu

Hause, gar nichts.

Sag mal, warum geht ihr nicht in ein Hotel? Ihr findet doch sicher was. Ganz bequem und intim. Da habt ihr Platz und eure Ruhe. Das ist doch eine gute Idee, oder? Ich meine, Familie schön und gut, aber wir kennen uns ja kaum. Wir waren Kinder. Kinder.

Und dann treffen wir uns am Abend. Gemütlich in einem schönen Restaurant. Ich ... ich lade euch ein, ... ach Mist, da ist ja das idiotische Fußballspiel. Diese verdammten Karten. Moment, ach Gott ... wie machen wir das? Ehm ... ruf mich bitte noch heute Abend an. Egal wann. Wir müssen das besprechen. Bitte! Auch um ein Uhr nachts. Hörst du? Auch um sechs morgens!

Sie können aber gerne eine Nachricht hinterlassen ...

Jörg, ich bin es nochmal. Ich weiß, du bist nicht da. Aber egal. Ich habe jetzt einen Plan. Also: Ihr geht morgen ins Hotel. Definitiv. Basta.

Ihr geht ins Hotel und ich gehe zu dem verdammten Fußballspiel. Mit dem Bengel. Das ist doch ein fairer Kompromiss.

Hörst du, Jörg? So machen wir das. Einverstanden? Hey, du bist doch einverstanden? Ich mache das für euch, okay? Aber ihr geht ins Hotel, ja? Ihr kommt nicht zu mir. Direkt ins Hotel. Ist das klar? Das ist doch klar?

Und am Sonntag können wir dann essen gehen. Hamburger mit Pommes oder so, das mag doch der Junge. Wie eine richtige Familie. Einverstanden?

Ach ja, und noch was. Das habe ich noch nicht kapiert: Du sagst, du hast als Kind nicht Fußball gespielt. Nie. Das kann doch nicht sein! Ich meine, bei Tante Rosa im Garten ..., wer war das dann? Und wo warst du?

Ach Gott, jetzt klingelt es an der Tür. Wer kann denn das sein? Ich mache mal schnell auf. Moment, ich bin gleich wieder da ...

Die Obstverkäuferin

Ich gehe gerne einkaufen. Nein, nicht shoppen. Ich meine nicht
Hosen, Schuhe und Sonnenbrillen. Ich spreche von Brot und
Käse, Obst und Wein.

Das kaufe ich sehr gerne. Aber nicht im Supermarkt. Ich gehe
zu den kleinen Geschäften in meiner Straße und vor allem: auf
den Markt.

Ich weiß: Das ist nicht praktisch, nicht billig und dauert lange.
Na und? Es macht Spaß. Ich kenne die Leute in den Läden, wir
grüßen uns freundlich, wir plaudern über Wetter, Familie,
Fußball.

Smalltalk, kann sein, aber menschlich und zivilisiert. Wir sind
Nachbarn und im Laden bleiben wir Nachbarn. In anderen
Geschäften ist es nicht ganz so: Da wird man Kunde und es gibt
Verkäufer. Aber auch dort redet man, höflich von Mensch zu
Mensch.

Im Supermarkt aber gibt es keine Menschen, nur Konsumenten
und Kassierer. Sprechen verboten!

Niemand hat Zeit. Nicht die Kunden, denn die müssen kaufen.
So schnell wie möglich. Nicht die Kassierer, denn die müssen
kassieren. So schnell wie möglich. Nonstop.

Kommunikation, reduziert auf ein Minimum: Tüte? Karte?
Kleingeld? Weiter! Immer weiter! Dieser Stress an der Kasse,
alle nervös und ungeduldig. Wie traurig! Tristesse im
Neonlicht, nur diese furchtbare Softmusik aus allen Boxen.
Musik, so steril wie die Plastikverpackungen.

Wie gesagt, da gehe ich lieber auf den Markt. Ein Paradies aus
Farben und Formen. Frische Luft, frisches Leben! Menschen,
laut, lebendig, lustig.

Einkaufen, Leute treffen und plaudern. Die Händler rufen ihre

Angebote aus, die Straßenmusiker spielen munter ihre
Melodien. Alles offen, bunt, natürlich. Ein Volksfest.
Ich habe dort meine festen Orte: Käse an der Ecke, Fisch in der
Mitte und die Weinhandlung neben der Bäckerei.
Mein Lieblingsplatz aber ist der Obststand. Manchmal stehen
auch dort viele Leute, aber das macht nichts. Es gibt eine
einfache Lösung. Nein, man muss keine Nummer ziehen.
Man fragt einfach: „Wer ist der Letzte?" und jemand antwortet:
„Ich!" Dann kann man in Ruhe warten.

Ich kenne die Verkäuferinnen. Leila und Fatima aus Marokko,
Tata aus Ekuador. Ihre Arbeit muss stressig sein, den ganzen
Tag stehen, und manche Kunden sind leider nicht sehr
angenehm. Aber die drei sind immer fröhlich und haben etwas
zu lachen. Und sie haben Humor.
Oft grüßen sie mit: „Hola joven!" oder „Hola, guapo!"
Jung, schön ... nette Komplimente, denkt man zuerst. Aber
dann kapiert man: Sie sagen das immer, auch zu dem alten
zahnlosen Großväterchen hinter mir. Aber gut so. Vielleicht
kein Kompliment, aber ein schönes Ritual.
Sie sind wirklich lieb und geben mir nur die frischesten Sachen.
Nichts Altes, nichts Kaputtes.
Sie sind richtige Komplizinnen, vor allem Tata: Ich will ein Kilo
Mandarinen kaufen, aber sie sagt: „Achtung. Besser nicht. Die
sind nicht gut heute."
Sie spricht leise, der Chef ist auch da, der hört das nicht gerne.
„Danke für den Tipp", flüstere ich zurück, „was soll ich dann
nehmen?"
„Die Pfirsiche oder die Bananen, die sind heute besonders gut."
Ich glaube, sie gibt diese Tipps nicht allen. Vor allem nicht den
Touristen.

Wir reden immer ein bisschen. Sie möchte ihr Deutsch
verbessern. Das ist meistens unser Thema. Jedes Gespräch eine
kleine Lektion.

Heute sprechen wir aber nicht über Deutsch. Und heute ist sie
auch nicht fröhlich. Sie ist sehr, sehr traurig. Ein Brief aus
Ekuador. Ihr Mann und ihre Tochter können nicht nach
Europa kommen und hier mit ihr leben. Keine Papiere,
definitiv. Die Bürokratie. Sie muss aber hier bleiben, sie
brauchen das Geld.
„Keine Chance, ich habe meine Familie schon fast zwei Jahre
nicht mehr gesehen", sagt sie und zeigt mir ein Foto.
„Aber kannst du sie nicht wenigstens besuchen?", frage ich.
Nein, antwortet sie traurig. Die Papiere ..., es ist zu kompliziert.
Und dann verliert sie vielleicht auch die Arbeit. Und vor allem
ist der Flug so teuer. Ein Monatslohn für sie.
„Ekuador", flüstert sie, „das ist so furchtbar weit weg."
Eine andere Welt und keine Brücke.

Der Chef steht immer noch da, und die Leute warten.
„Ich muss weitermachen", sagt sie schnell und versucht wieder
zu lächeln.
Ich gehe nach Hause. Sie tut mir leid, eine so traurige
Geschichte. So fern von zu Hause und kein Weg.
In der Küche packe ich meine Einkäufe aus und lege das Obst
auf den Tisch. Das Etikett auf den Bananen: ‚Frisch aus
Ekuador'.

Schlaflose Nacht

Lucia

Henry kann nicht einschlafen. Er liegt wach im Bett, neben ihm seine Frau. Sie schläft tief wie immer, atmet schwer. Er hört ihr Schnarchen, ziemlich laut. Es ist warm im Zimmer, sehr warm. Wie immer ist er heute von der Arbeit spät nach Hause gekommen, wie immer hat er mit ihr und den Kindern zu Abend gegessen, wie immer haben sie kaum gesprochen. Wie immer ist sie dann früh schlafen gegangen. Wie immer hat er dann noch lange alleine ferngesehen.
Die Hitze, der Lärm, aber da ist noch etwas anderes ...
Er hat im Bett ein bisschen gelesen. Das macht er oft so. Sein Schlafmittel. Dann hat er das Licht ausgemacht. Normalerweise kann er dann schlafen.
Heute nicht. Licht aus, Augen zu, und dann plötzlich ... dieses Bild. Dieses Gesicht. Diese Frau. Lucia. Wann war das? Vor sechzehn Jahren? Vor achtzehn Jahren? Verdammt lang her, diese Geschichte. Er hat sie immer noch so klar vor Augen.

Er, Mitte zwanzig. Seine Arbeit in der Elektro-Firma. Sein erster Job. Nicht schlecht. Ein fester Vertrag, gute Konditionen, ein bisschen monoton vielleicht. Aber er hat Glück gehabt. Andere sind arbeitslos. Seine kleine Wohnung, ein paar alte Freunde, die Familie am Wochenende. Sein Tennisclub. War das schon alles?
Nein, er ist nicht unglücklich.
Dann, eines Tages: sie. Die neue italienische Praktikantin. Lucia aus Siena. Zuerst sieht er sie kaum, nur manchmal, auf dem Korridor, in Besprechungen. Dann kommt sie in sein Büro. Sie soll ihm bei einem Projekt assistieren. Er will das nicht. Er braucht niemanden. Er macht das lieber alleine. Aber die Chefin möchte es so.

Lucia lernt schnell und ist wirklich interessiert. Und ihr
Deutsch! So süß, so charmant und jeden Tag besser. Die Arbeit
macht plötzlich viel mehr Spaß.
Manchmal essen sie mittags zusammen in der Kantine.
Manchmal fährt er sie abends nach Hause. Sie haben praktisch
den gleichen Weg. Anfangs sprechen sie fast nur über die
Arbeit, dann erzählt sie auch ein bisschen von Italien. Über ihre
Familie, ihre Stadt, ihr Land.
„Das müssen Sie sehen! ", sagt sie immer wieder. Die Leute, das
Essen, das Licht, das Meer. Ein anderes Leben.

Henry setzt sich auf und sieht aus dem Fenster. Es regnet. Alles
schwarz, keine Konturen. Seltsam, denkt er, wie genau er sich
erinnert. Die Bilder, so klar. Ihre Stimme, er hört sie wieder.

Sie präsentieren ihr Projekt, ein großer Erfolg. Die Chefin ist
sehr zufrieden. Sie feiern in einem Restaurant. Danach kommt
Lucia leider in eine andere Abteilung. Er denkt schon: ‚Alles
aus', aber ihre Geschichte geht weiter. Sie lädt ihn zum Essen
ein. Sie möchte für ihn kochen. Italienisch. Es schmeckt
großartig.
Danach, spät in einer Bar, der erste Kuss. Höchste Zeit. Dann
diese verrückten Wochen. Sie bei ihm, er bei ihr.
Konzertabende, Kinonächte. Ein Wochenende in den Bergen,
mit Spielkasino. Einmal steigen sie nachts in ein Schwimmbad
und baden in der Dunkelheit. Natürlich verboten, aber das
macht nichts. Und einmal macht er sogar blau. Das erste Mal in
seinem Leben! Ein Kurztrip zum Gardasee. Ein Hauch von
Italien. Fantastisch. Und die Sprache. Diese Melodie!
Wunderschön. Lucia lehrt ihn einige Wörter.
Dann ist ihre Zeit zu Ende. Das Praktikum dauert nur drei
Monate. Sie reden nie vom Ende. Sie genießen den Augenblick.

Aber irgendwann ist es so weit. Sie will mit ihm sprechen.
Ernst.
Was kommt jetzt? Was soll jetzt kommen? Kann sie vielleicht
bleiben?

Henry hört ein Geräusch. Seine Frau bewegt sich, aber sie
wacht nicht auf. Er wartet einen Moment, dann wieder ihr
Schnarchen, ziemlich laut.

Nein, sie kann nicht. Sie muss zurück.
‚Aus', denkt er. ‚Alles aus.'
Dann sieht sie ihn an.
„Aber du? Warum kommst du nicht mit nach Italien?"
Er ist überrascht. Aber das geht doch nicht. Er hat keinen
Urlaub mehr.
„Nein", flüstert sie, „nicht Urlaub, für immer."
Die Firma ihres Vaters. Sie hat schon mit ihm gesprochen.
Henry kann dort arbeiten. Ihre Familie hat auch eine Wohnung
für sie beide. Alles da. Er muss nur ja sagen. Er sitzt auf dem
Bett und sieht aus dem Fenster. Es regnet.
Die Toskana. Die Sonne. Lucia. Das Meer. Die Leute. Lucia. Ein
neues Leben. Seine Chance. Er muss nur einen Schritt machen.
Er zögert.
„Und später?", fragt er.
„Jetzt oder nie", sagt sie, „du liebst mich oder du liebst mich
nicht."
Sie wartet. Nervös. Traurig.
„Du willst nicht", sagt sie leise.
„Warte doch", sagt er, „das ist nicht so einfach für mich. Das
geht alles so schnell."
Sie steht auf, zieht sich an und geht zur Tür.
„Ich fahre am Freitag. Du hast noch eine Woche Zeit."

Dann geht sie. Ohne Kuss, ohne Abschied.

Die letzten Tage, die Hölle für Henry. In der Firma kann er sich nicht mehr konzentrieren, abends geht er stundenlang spazieren. Zwei Wege und nur ein Leben.

Er geht: der Skandal. In der Firma und auch privat. Niemand kann es glauben. ‚Unmöglich! Du spinnst doch!' sagen alle. Alles plötzlich weg. Die Karriere. Familie. Freunde. Alles weg für ein kindisches Abenteuer, eine naive Illusion. Er bleibt: alles ruhig. Freundlich. Am Samstag ein Essen mit Kollegen, am Sonntag das Tennismatch. Wie immer. Und Lucia? Das Meer, das Licht, das andere Leben? Er sucht die Bilder, aber er findet sie nicht mehr. Die Melodie, die Wörter? Er hat sie vergessen. Er will noch einmal mit ihr sprechen. Aber in der Firma sieht er sie nicht mehr. Er ruft sie an, aber sie geht nicht an den Apparat. Bleibt der Bahnhof. Freitag, kurz vor Mitternacht. Der Nachtzug in den Süden. Abschiedsszene. Lucia mit ihrem Koffer, wortlos enttäuscht. Nein, das schafft er nicht ...

‚So war das', denkt Henry, ‚was für eine Geschichte!' Jahre her. Warum denkt er heute an sie, warum lässt sie ihn so lange wach liegen?

Langsam steht er auf. Er kann jetzt nicht schlafen.

Seine Frau wacht auf, sie dreht sich zu ihm, blinzelt einen Moment.

„Du schläfst ja nicht", murmelt sie und macht die Augen wieder zu. „Ist was los, Henry?"

„Nein, nichts, alles in Ordnung. Ich gehe nur in die Küche und trinke noch ein Glas Wasser. Schlaf nur weiter, Lucia, buona notte."

Herr Kaffer geht spazieren

Herr Kaffer geht heute spazieren. Es ist Montag und die Sonne scheint. Keine Proben, kein Theater, kein Publikum. Heute hat er frei. Hurra! Die Sonnenbrille auf die Nase, zwei Bananen in die Tasche und der Ausflug kann beginnen.

Wo geht er spazieren? Im großen Park. Links ist dort der Zoo und rechts der botanische Garten.

Die Stadt mag er nicht, dort sind immer so viele Menschen auf der Straße. Dieser Stress! Und die Autos! Nein danke! Den Zoo mag er auch nicht, da sind so viele Tiere. Alles so laut und die Luft ist auch nicht gut. Und diese armen Kreaturen! So unfrei, so unglücklich!

Aber er liebt den botanischen Garten. Vor allem montags. Montags ist dort fast niemand. Dieses Grün und diese Ruhe! Pflanzen sind etwas Wunderbares. Sie sprechen nicht und wollen nichts. Nur Licht und Wasser. Und das gute Aroma in der Luft! Wie in der Natur. Ein Paradies und ganz gratis!

Na ja, im Prinzip muss man auch hier Eintritt bezahlen. Vier Euro, an der Parkkasse, ganz schön teuer! Aber pssst ... Herr Kaffer zahlt nicht. Er kennt einen Trick.

Die Mauern im Park sind nicht sehr hoch. Man sieht nach links, man sieht nach rechts, und eins, zwei, drei, schwupp! ... schon ist man im botanischen Garten.

Gut, das ist nicht ganz legal. Aber billig! Und wen stört es? Niemanden. Also bitte!

Der botanische Garten ist ein Themenpark mit verschiedenen Zonen: der Bonsai-Dschungel, die Kaktus-Oase, der Alpentraum.

Der Lieblingsplatz von Herrn Kaffer ist aber der ‚Japanische Fluss‘: viel Wasser, viele Blumen und absolute Stille. Dort kann man wunderbar auf einer Bank sitzen, eine Banane essen und meditieren.

Und genau das macht Herr Kaffer in diesem Moment. Er schaut ins Wasser, sieht sein Spiegelbild und philosophiert: Wer bin ich? Woher komme ich?
Und genau in diesem Augenblick hört er eine Stimme: „Herr Kaffer, Herr Kaffer, bitte kommen Sie sofort zum Parkeingang! Herr Kaffer, Herr Kaffer, zur Kasse bitte!"

Was? Wer? Wie bitte? Moment mal, hat er das geträumt?
„Herr Kaffer, Herr Kaffer, bitte sofort zur Kasse!", hört er wieder.
Nein, er hat nicht geträumt. Aber woher kommt die Stimme?
Herr Kaffer sucht und findet: Da ist ein Lautsprecher zwischen den Bäumen.
Aber woher wissen sie ...? Und was wollen sie? Komisch, sehr komisch. Gut, er hat nicht bezahlt, aber muss man ihn gleich ...?
Herr Kaffer kratzt sich nervös am Kopf.
Was tun? Die Frage ist nicht mehr: Woher komme ich? Die Frage ist jetzt: Wohin gehe ich? Weglaufen und schnell nach Hause? Oder doch schön brav zur Kasse?
‚Vielleicht besser zur Kasse', denkt er.
Er hat nicht bezahlt, aber er ist auch kein Krimineller. Und außerdem ist er ein bisschen neugierig.
Langsam steht Herr Kaffer auf und geht los. Über die Mauer, durch den Zoo. Das geht schneller.

Hilfe! Was ist denn hier los?
Klar, der Zoo ist laut und turbulent. Das weiß er. Aber dieses Affentheater hat er nicht erwartet: ein Chaos! Alles rennt und

ruft und schreit. Nein, nicht die Tiere! Die Menschen!

‚Vielleicht ein Feueralarm oder so etwas‘, denkt Herr Kaffer, ‚ich muss fragen, vielleicht kann ich ja helfen.‘

Er will also fragen, aber die Leute laufen alle weiter, in wilder Panik.

„Der Affe ist weg! Alarm! Der Affe ist weg!“

Nur das versteht er. Komisch, sehr komisch.

‚Na ja‘, denkt er, ‚ich gehe zur Kasse, die wissen sicher mehr.‘

Am Eingang gibt es eine Überraschung: Er kennt den Mann an der Information! Unglaublich! Da sitzt der Schröder vom Theater, der Mann von der Abendkasse.

‚Aha‘, denkt Herr Kaffer, ‚dann hat der Schröder also zwei Jobs. Vormittags Zookarten und abends Theaterkarten. Warum nicht? Und gut für mich, denn das mit der Eintrittskarte ist dann sicher kein Problem mehr.‘

Er muss lächeln. Ja, ja, Kontakte sind doch sehr wichtig im Leben! Und mit diesem Lächeln stellt er sich vor das Häuschen.

„Tag, Schröder, wie geht's?“, beginnt er fröhlich, „aber sag mal, was ist denn hier los?“

Herr Kaffer lächelt immer noch, aber Schröder lächelt nicht zurück.

Schröder sieht ihn an, ganz ernst.

„Ganz ruhig“, sagt Schröder, „ganz ruhig.“

„Ich bin ja ruhig“, sagt Herr Kaffer, „aber kannst du mir vielleicht ...“

„Ganz ruhig und schön hierbleiben ...“

„Ich bleibe ja hier, das heißt, ich möchte lieber zurück in den Botanischen Garten. Ich bezahle die Karte auch ... gerne ... wirklich ...“

Das Gesicht von Schröder bleibt ernst. Langsam nimmt er ein Mikrofon in die Hand.

„Jaaa, jaaa, schööön brav."

‚Moment mal', denkt Herr Kaffer, ‚der ist auch nicht ganz normal. Dann spinnen heute alle hier ein bisschen. Vielleicht gehe ich besser nach Hause, jetzt sofort. Ist ja auch Zeit. Und morgen steht vielleicht was in der Zeitung.'

Herr Kaffer grüßt und geht langsam zum Ausgang.

Da! Plötzlich wieder die Stimme aus dem Lautsprecher:

„Hier ist er! Ich habe ihn! Alle Mann herkommen! Zum Eingang! Schnell! Er läuft weg!"

Mozart, sonntags, gratis

15. Mai

Zwei Karten für Mozart! Sonntag, 2. Juni, 18 Uhr, Musikpalast. Konzerte für Streichquartett KV 458, KV 421 und KV 387. Ich mag Quartette: zwei Violinen, eine Viola, ein Cello. Dieses kleine intime Format. Ich stehe vor dem Palast, sehe das Programm und kaufe sofort die Karten. Ich kenne das Ensemble nicht, junge Musiker aus einer kleinen Stadt. Nichts Spezielles, aber das ist mir egal. Ich bin kein Experte. Ich mag die Musik, und ich mag die Atmosphäre im Palast. Ich liebe diese Situation: die Musiker auf der Bühne, ernst und konzentriert und vor ihnen das Publikum, ernst und konzentriert. Eine archaische Situation, absolut zeitlos. Zwei Stunden nur Musik, Ruhe, Respekt. Keine Show, kein Event, kein Firlefanz.

Die Karten sind nicht teuer. Normale Preiskategorie, 1.Rang, linke Seite, mein Lieblingsplatz. Die Akustik ist nicht optimal, aber man sitzt direkt über den Musikern. Man sieht sie spielen, ihre Gesichter, ihre Hände. Das fasziniert mich. Ich gehe oft alleine in den Palast. Ich brauche niemanden. Ich muss auf niemanden warten, niemand kann zu spät kommen. Und eine Pause ohne Kommentare.

Dieses Mal habe ich zwei Karten. Warum zwei? Na ja, manchmal erzähle ich Freunden von einem Konzert und dann höre ich immer: „Aber warum sagst du nichts? Wir möchten auch mal mitkommen!"

Plötzlich lieben alle klassische Musik. Aber das kann ich ja nicht wissen.

„Na schön", antworte ich dann immer, „das nächste Mal rufe ich an, einverstanden?"

Stimmt ja auch. Immer allein, das muss nicht sein. Das ist auch

irgendwie egoistisch, denn diese Schönheit kann man teilen.
Also habe ich jetzt zwei Karten. So kann ich jemanden einladen
und ihm eine Freude machen.
Aber unter uns: Im Prinzip ist die Karte nicht für meine lieben
Freunde. Ich denke an die neue Italienisch-Dozentin. Lorena.
Ich sehe sie manchmal im Lehrerzimmer. Ab und zu essen wir
zusammen Mittag, mit Barton, dem englischen Kollegen. Sie ist
sehr sympathisch. Und das Konzert die Chance für ein
Rendezvous! Endlich! Mozart mit Sekt. Großartig.

16. Mai
Mein Plan klappt nicht. Ich frage Lorena in der Kaffeepause, sie
sieht lange in ihren Terminkalender. Am zweiten Juni hat sie
schon etwas vor.
„Warum?", fragt sie.
„Ach nichts, nur eine Frage", antworte ich.
‚Wie schade!', denke ich.

28. Mai, abends halb neun
Noch fünf Tage. Ach ja, die Karte! Langsam muss ich das
organisieren. Meine Einladung zu Mozart. Ich will eine alte
Freundin fragen. Simone. Sie lebt allein und ist immer ein
bisschen melancholisch. Fast depressiv. Ich rufe sie fast nie an.
Die Karte, eine gute Chance für eine Entschuldigung. Das
Konzert als Therapie, Mozart mit Kräutertee, na ja ...
„Mensch", begrüßt sie mich, „du, das ist ja nett! Wie geht es
dir?"
‚Super', denke ich, ‚sie ist mir nicht böse. Und auch nicht
depressiv.'
Wir sprechen über eine Stunde. Das heißt: Sie spricht. Sie hat
einen neuen Freund. Ein Kollege von ihr. Ein fantastischer Typ.
Die große Liebe. Sie wollen jetzt ein Kind haben und ein Auto

kaufen und eine Wohnung. Aber zuerst in Urlaub fahren, zwei Wochen Türkei. Und, und, und.

„Vielen Dank für deinen Anruf", sagt sie am Ende, „schön, von dir zu hören. Wir machen bald ein Fest, wir rufen dich an. Tschüs."

Kein Wort von Mozart. Ich glaube, sie braucht keinen Mozart mehr.

„Tschüs", sage ich.

‚Schade' denke ich dieses Mal nicht.

29. Mai, abends halb elf

Wen frage ich jetzt? Und so spät? Rendezvous, Therapie, vielleicht sind meine Mozartpläne zu kompliziert. Eine einfache Lösung, warum nicht? Mozart mit einem guten, alten Freund. Nicht sehr spannend, aber solide. Mozart mit Bier. Auch nicht schlecht.

„Am Sonntag um sechs? Super", sagt Ralf, „und kostenlos? Klasse! Klar habe ich Zeit. Wann treffen wir uns?"

‚Na also', denke ich, ‚so einfach geht das.'

„Um kurz vor sechs", antworte ich, „vor dem ..."

„Kurz vor sechs? Das ist ein bisschen spät, oder? Wir wollen doch gute Plätze, oder?"

„Die Plätze sind nummeriert", erkläre ich.

„Nummeriert?", fragt er. „Sag mal, wo ist denn dieses Konzert?"

„Im Musikpalast."

„Ach so", sagt er, „aber da kommt doch normalerweise nur so alte Musik."

„Mozart ist alte Musik", sage ich.

„Mozart?", fragt er erstaunt. „Wieso Mozart?"

Ralf kommt also auch nicht mit. Wir trinken nächste Woche mal ein Bier. Ohne Mozart.

30. Mai

Noch drei Tage. Also gut, keine Experimente mehr. Sicherheit!
Wer will immer mitkommen? Wer protestiert immer: ‚Warum
rufst du nicht an?'

Sonja. Eine Kollegin. Workaholic, aber sehr hilfsbereit. Leider
spricht sie immer von der Arbeit. Mozart mit Lehrerkonferenz,
na ja. Aber eine sichere Kandidatin. Sie liebt Mozart, das weiß
ich. Und sie sitzt sonntags meistens alleine zu Hause. Das weiß
ich auch.

„Einladen? Du mich? Musikpalast? Super!", sagt sie sofort,
„Mozart? Streichquartette? Toll! Wann?"

‚Na also, alles klar', denke ich, und antworte: „Am
Sonntagnachmittag."

Stille.

„Diesen Sonntag?", fragt sie zurück.

„Ja", sage ich. „Sechs Uhr."

Stille.

„Bist du verrückt?", höre ich sie fragen.

„Nein, warum?"

„Wir haben morgen die Prüfungen!"

„Ja", sage ich, „und?"

„Die müssen wir bis Montag korrigieren."

„Na und?", frage ich. „Wir haben das komplette Wochenende
und bis Dienstag oder Mittwoch ist sicher auch in Ordnung."

„Du bist verrückt", sagt sie.

Fünf Minuten später weiß ich es: Mozart an diesem
Sonntagnachmittag ist faul, unprofessionell und unsolidarisch.
Aber ich soll sie das nächste Mal wieder informieren und ein
bisschen früher, bitte. Dann kann sie das besser organisieren.

„Ruf doch Ruth an", sagt sie zum Schluss, „die hat schon
korrigiert."

Ruth ist ihre beste Freundin. Auch Lehrerin. Sie arbeitet noch mehr und spricht noch mehr über die Arbeit. Sie spricht nur über Arbeit. Die rufe ich garantiert nicht an.

„Gute Idee", sage ich, „mache ich, vielleicht ..."

2. Juni, zehn Uhr vormittags

Ich korrigiere und korrigiere. Die Kartenfrage ist immer noch offen. Aber keine Panik! Ich habe genug Telefonnummern. Meine lieben Freunde. Der Palast-Fanclub. Ich mache eine Pause und gehe zum Telefon. Attacke!

Zuerst rufe ich die Familie Mender an. Doppelte Chance. Er oder sie.

„Super Idee", sagt Michael, „Paula duscht gerade, aber sie kommt garantiert mit. Die Kinder nerven heute, ich gehe mit ihnen auf den Spielplatz. Dann hat sie frei. Um Viertel vor sechs am Palast, prima."

Volltreffer! Mann, bin ich froh. Ich mag Paula und ich muss nicht mehr telefonieren. Fünfzehn Minuten später ruft sie zurück. Sie kann leider nicht, sie muss mit den Kindern ins Schwimmbad.

„Und was ist mit dem Spielplatz?", frage ich.

„Spielplatz? Viel zu heiß. Fast 28 Grad! Wir wollen ein bisschen schwimmen ..., ich meine, die Kinder wollen, verstehst du?"

Ich verstehe.

„Und Michael?", frage ich.

„Michael? Ach, ich glaube, der braucht ein bisschen Ruhe heute."

„Klar", sage ich.

„Also dann", sagt Paula, „und ruf mich wieder an, das nächste Mal komme ich sicher mit. Ich oder Michael."

2. Juni, Viertel nach zehn bis halb eins

Zwei Stunden permanent am Telefon. Circa zehn Versuche:

Freunde, Kollegen, Nachbarn. Es hat keinen Sinn. Alle fragen mich etwas: ‚Warum so früh?' Ich weiß es nicht. ‚Gibt es im Palast Air-Condition?' Weiß ich auch nicht. ‚Warum ist es so heiß heute?' Keine Ahnung, verdammt!

„Wer spielt denn?", fragt Ursula. Die Frage kann ich beantworten. Aber sie findet die Antwort nicht gut.

„Weißt du", sagt sie, „Mozart ist nicht gleich Mozart. Vielleicht sind die nicht gut und machen dann meinen Mozart kaputt." Und Ursula will sich ihren Mozart nicht kaputtmachen lassen. Nicht von so einer Provinztruppe. Außerdem hat sie schon Karten für Dienstag. Gastspiel Münchner Philharmoniker. Die Jupiter-Symphonie.

„Denkst du, das Tennisfinale ist bis sechs zu Ende?", fragt mich Albert.

Welches Tennisfinale, zum Kuckuck?

„Ruf mich um kurz nach fünf nochmal an, dann weiß ich mehr. Vielleicht komme ich dann spontan mit."

Auch Andrea kommt vielleicht spontan mit. Aber wahrscheinlich kommen ihre Eltern spontan zum Kaffeetrinken.

„Oder hast du vielleicht vier Karten?"

Halb eins

So, basta, ich habe jetzt die Nase voll! Ich sehe auf meine Liste, ich habe alle Freunde, auch alle Kollegen, angerufen.

Nur Barton nicht: Der interessiert sich definitiv nur für Fußball, Formel 1 und Weltpolitik. Und hört immer noch Queen und Phil Collins.

Ruth rufe ich auch nicht an. Die macht mich nervös, ich kann einfach nicht.

Unter uns: Ich habe es auch bei Lorena probiert. Vielleicht passiert ja ein Wunder. Zweimal. Die Festnetznummer. Die

Handynummer habe ich nicht. Versuch Nr.1: Besetzt. Aha, sie ist also zu Hause! Versuch Nr.2: Die Leitung ist frei, aber sie geht nicht ans Telefon. So ein Pech!

Zehn vor fünf
Ich probiere es noch einmal bei Lorena. Niemand da. Nichts zu machen. Was soll ich tun? Albert? Nein, soll er ruhig Tennis glotzen! Andrea? Nee, viel Spaß mit Mama und Papa! Ruth? Ich kann nicht, ich kann einfach nicht!

Zehn nach fünf
Lorena, letzter Versuch. Sie ist nicht da. Okay, okay. Dann ist alles klar: Ich gehe alleine. Wie immer. Kein Stress, keine Diskussionen. Eine gute Lösung. Die zweitbeste.
Natürlich, die Karte. Schade! Man kann sie nicht zurückgeben. Aber das macht nichts. Ich gehe an die Kasse und schenke sie jemandem. Einem Studenten oder einer Studentin. Eine gute Idee. Wer jetzt an der Kasse steht, muss Zeit haben und Lust auf Mozart. Garantiert.

Zwanzig vor sechs
Ich bin schon am Musikpalast und gehe zur Kasse. Die Schlange ist kurz, nur drei Leute: Eine schicke Dame bezahlt gerade ihre Karte, hinter ihr steht ein unsympathischer Mann. Typ: reicher Tourist. Mit dicker Kamera vor dickem Bauch. Aber am Ende wartet eine junge Frau.
Eine ausländische Studentin, denke ich, aus Japan oder so. ,Prima', denke ich, ,das passt doch.'
Ich frage sie auf Englisch. Sie versteht mich auch, glaube ich. Aber sie antwortet: „No, no concert, visit, just visit. Thank you."
Ich brauche einige Sekunden, dann kapiere ich: Sie will nicht in

das Konzert, sie will den Palast sehen. Morgen Vormittag gibt es eine Tour für Touristen, auf Englisch.

„Yes", sage ich, „but now there is a concert. Mozart, you know."

„Yes", sagt sie, „but student ticket."

„Okay", insistiere ich, „but my ticket is free, gratis, no costs."

„No, Mister, thank you", sagt sie, „sorry, thank you, no, no."

Ich sehe schon, das wird nichts.

„Sorry", sage ich und gehe zur Seite. Die Leute schauen schon so komisch. Mein Gott, war ja nur eine Frage.

Also gut, dann nicht. Ich gehe alleine und zum Teufel mit der Karte! In diesem Moment kommt der Mann vor der Japanerin zu mir und fragt: „Do you really have a free ticket? Really?"

Sechs Uhr

Ich sitze auf meinem Platz. Das Konzert beginnt. Der Amerikaner kommt zu spät und isst dann Bonbons. Er lehnt sich vor, und ich kann nichts sehen. Eine einzige Katastrophe. Und dann quatscht er auch noch. Die Akustik ist nicht gut hier, sagt er. Unten im Parkett ist die Akustik sicher viel besser.

„Stimmt", antworte ich.

,Idiot', denke ich, ,dann geh doch ins Parkett!'

Halb sieben

Ich kann mich nicht konzentrieren und sehe ins Publikum. Mensch! Dort oben, das ist doch die Japanerin! Aber warum, warum hat sie nicht ...? Aber gut, nichts nehmen von fremden Männern, ich weiß. Aber ich bin doch ... na ja, egal.

Viertel vor sieben

Der Tourist schaut die ganze Zeit ins Parkett. Ich kann die Musiker nicht sehen, also sehe ich auch ins Parkett. Aber das kann doch nicht wahr sein! Da ist sie! In der dritten Reihe!

Lorena! Lorena ist hier! Aber warum hat sie nichts gesagt? Und neben ihr ... das gibt es doch nicht: Barton. Seine Hand auf ihrer Hand. Jetzt verstehe ich gar nichts mehr.

Zehn vor sieben
Pause. Der Tourist will mit mir in das große Palastcafé unten gehen.
„One beer or two", lacht er.
„Nein, danke", antworte ich, „I must call someone, you understand?"
Das stimmt natürlich nicht. Ich muss nicht telefonieren, ich will überhaupt nicht sprechen. Mit niemandem. Ich will meine Ruhe haben. Ich gehe nach oben, in den dritten Stock, da gibt es eine kleine Bar. Ich bestelle einen Whisky. Ruhig, Junge, sage ich mir, im Prinzip ist doch alles gut. Der Tourist nervt, aber egal. Die Japanerin da oben, auch egal. Und Lorena, na ja, ... auch egal. Ich will das Konzert hören, das ist alles. Ich darf mich einfach nicht stören lassen.
Der Whisky tut gut.

Sieben Uhr
Plötzlich eine Hand auf meiner Schulter. Oh nein! Lorena? 'Ich kann dir alles erklären'. Die Japanerin? 'Sorry, Mister.' Der Touri? 'Hey man, another beer?'
„Hey, Mensch, du hier, das ist ja toll!"
Zu spät. Ruth. Plötzlich steht Ruth da. Ein Wasserfall von Worten. „Bist du alleine? Warum hast du nichts gesagt? Und, schon alles korrigiert? Also, meine Klasse ist super dieses Jahr! Fantastische Resultate! Gehen wir nachher eine Cola trinken?"

Zwanzig nach sieben
Ich schließe die Augen. Musik. Nur Musik. Das mit Ruth war

okay. Nur zwei Minuten, dann war die Pause aus. Ich muss später auch keine Cola mit ihr trinken, ich muss ja noch korrigieren. Das kennt sie, das versteht sie perfekt. Alles ist gut. Der Tourist sitzt nicht mehr neben mir. Vielleicht unten im Parkett oder immer noch in der Bar. Die Japanerin und Lorena und Barton sind noch da, aber sie sehen mich nicht, und das ist gut so.

Ich öffne die Augen. Ich kann die Musiker jetzt genau sehen, ihre Gesichter, ihre Hände. Und die Musik, einfach wunderschön. Ich schließe die Augen wieder. Alles ist gut. In zwei Wochen ist wieder ein Konzert. Morgen kaufe ich eine Karte. Eine.

Der Siegertyp

Soll ich euch diese Geschichte erzählen? Meine Geschichte.
Gestern ist das passiert. Und vorgestern. Genau so. Oder fast so.
Eine Kleinigkeit ist anders ... aber das erkläre ich später.

Also, ich bin ein Siegertyp. Das sage ich euch gleich. Ein
Gewinner. Ich will etwas und ich bekomme es auch. Ganz
einfach. Vielleicht glaubt ihr mir das nicht, aber es ist so. Und
auch diese Geschichte ist so.
Das heißt: So leicht war es dieses Mal nicht. Aber am Ende ...
Moment, beginnen wir mit dem Anfang, vor einem Monat.
Also, ihr kennt die Situation: September, das neue Schuljahr
beginnt. Der erste Schultag. Man trifft die lieben
Schulkameraden wieder. Es gibt viel zu erzählen, die
Sommerferien waren lang.
Alle stehen vor der Schule und quatschen und quatschen. Nur
ich nicht. Ich sitze cool auf meinem Motorrad und finde das
kindisch. Mit der Jugendgruppe am Badesee, Kreuzfahrt mit
den Eltern im Mittelmeer, das interessiert mich nicht, das habe
ich hinter mir.
Dann kommen sie natürlich und fragen: „Und Bobo, was hast
du gemacht?"
Ich klopfe nur auf meine Maschine und sage: „Frankreich."
Wie die schauen!
Also erzähle ich doch ein bisschen. Von dieser Super-Tour.
Abenteuer pur. Und alle hören zu. Alle, nur dieser Alfred nicht.
Der bleibt auf der Bank sitzen, nimmt ein Buch aus der Tasche
und liest. Na ja, der ist auch nicht ganz normal.
Und plötzlich steht sie da. Sie lächelt, grüßt und stellt sich
neben die anderen. Mein Gott, sieht die toll aus!
„Die Neue", sagt einer leise, „Tamara."
‚Die kommt im richtigen Moment‘, denke ich und spreche

gleich ein bisschen lauter. Die Nacht am Strand von Nizza, das
ist ja auch eine klasse Story. Die muss ihr imponieren.
Ich erzähle und erzähle, aber plötzlich sehe ich sie nicht mehr.
Das macht mich nervös. Ich suche sie, sie sitzt neben Alfred
und spricht mit ihm. Das kann doch nicht wahr sein! Mit
Alfred, diesem Langweiler!
Aber gut, sie ist neu hier und hat noch keine Ahnung. Oben, im
Klassenzimmer, geht das aber so weiter. Ich setze mich ans
Fenster, der Platz neben mir ist frei. Tamara kommt, ich lächle,
sie lächelt zurück und setzt sich ... neben Alfred! Sag mal, was
ist denn hier los?
Nun, der Anfang war wirklich komisch. Nicht so einfach. Das
habe ich ja schon gesagt. Es hat gedauert. Einen Monat, viel
länger als normal.

Also, der Unterricht beginnt wieder, Deutsch und Geschichte
und der ganze Kram. In einigen Kursen sitze ich neben Bea.
Nicht schlecht, sie war schon immer das attraktivste Mädchen
der Kollegstufe, aber jetzt ... da ist doch jetzt diese Neue!
Im Chemiekurs sehe ich manchmal zurück, in die letzte Reihe,
da sitzen die beiden, Tamara und Alfred, und flüstern die ganze
Zeit. Wie Komplizen. Also, der Typ gefällt ihr, das kann ich
einfach nicht glauben.
In der Pause geht das weiter. Ich möchte mit ihr sprechen,
alleine, unter vier Augen, aber die beiden sind immer
zusammen, auf einer Bank im Hof, und meistens haben sie ein
Buch in der Hand. Quatschen pausenlos und lesen sich etwas
vor. Kindisch, oder?
Über was reden sie die ganze Zeit? Und was sind das für
Bücher? Einmal sehe ich eins auf dem Tisch liegen: Hermann
Hesse, ‚Demian‘, wer ist das denn?
Nach der Schule das gleiche Spiel: Beide fahren mit dem

Fahrrad und haben denselben Weg. Auch das noch! Ich
überhole sie mit dem Motorrad, ganz lässig, aber das sehen die
nicht einmal.

Endlich, so nach einer Woche, treffe ich Tamara mal allein auf
dem Parkplatz. Meine große Chance.
„Hallo", sage ich, „und wie geht´s so?"
„Gut", sagt sie, „alles bestens."
Sie ist wirklich sehr hübsch.
„Und dir?", höre ich sie fragen.
„Öh, auch gut, alles bestens", antworte ich. Nicht sehr originell
und auch nicht sehr cool.
„Freut mich", lächelt sie.
Sie ist nicht nur hübsch. Auch echt sympathisch. Aber sie sagt
nichts mehr und will weitergehen. Ich muss jetzt etwas sagen!
Jetzt sofort! Aber was?
Soll ich fragen: ‚Sag mal, findest du Alfred wirklich nett? Das ist
doch ein Loser. Der ist doch total doof.'
Geht nicht.
‚Und was ist dein Lieblingsfach? Mathe? Geschichte?'
Auch blöd.
Plötzlich spreche ich von Frankreich, von meinem großen
Abenteuer. Meine beste Nummer, die kommt immer gut an.
Sie lächelt noch einmal und sagt dann:
„Die Geschichte kenne ich schon."
Und Tschüs.
Zehn Minuten später sehe ich sie auf der Straße, auf dem
Fahrrad neben Alfred. Bester Laune, sie lachen sich wieder mal
kaputt.

Ja, so war das. Wirklich schwer, richtig kompliziert. Aber jetzt
hat es doch geklappt. Vorgestern, am Freitagabend auf der

Schulparty. Ich liebe diese Partys. Super Musik und sehr laut.
Genau mein Ding. Man muss nicht viel reden. Nur gut drauf
sein und tanzen. Das kann ich. Das genügt. Alfred war auch
nicht da. Sein Problem. Besser so.
Also: Sie steht einen Moment alleine an der Bar. Meine Chance:
Ich gehe zu ihr und frage sie: „Na, tanzen wir?"
Wieder dieses Lächeln.
„Warum nicht?"
Und schon geht's los. Wir tanzen die ganze Nacht, wie verrückt.
Ab und zu einen Drink an der Bar. Danach darf ich sie mit
dem Motorrad nach Hause bringen. Und für den nächsten Tag
habe ich natürlich auch schon einen Plan.
„Morgen machen wir eine Tour", sage ich, „hast du Lust?"
Natürlich hat sie Lust. Sie mag mich, das sehe ich doch. Ich
glaube, sie ist schon ein bisschen verliebt. Alfred ist schon
vergessen.

Die Tour, das war gestern. Wirklich ein super Tag. Mein Plan
war ja auch klasse. Also: Um drei habe ich sie abgeholt und wir
sind aufs Land gefahren. Mit dem Motorrad durch die Natur!
Das hat sie natürlich toll gefunden. Dann waren wir in meinem
Lieblingsrestaurant. Drive King. Die Mega-Hamburger! Na ja,
Tamara ist Vegetarierin, aber das konnte ich ja nicht wissen.
Und da gibt es ja auch Salat und Pommes. Dann sind wir ins
Kino gegangen. In das Multiplex am Heldenplatz. Sie hat etwas
von einem spanischen Film gesagt, aber der ist da nicht
gekommen. Macht ja nichts. Wir sind in einen Science-Fiction-
Film gegangen. Super! Ich glaube, sie hat ihn auch gut
gefunden.
Danach wollte ich wieder tanzen gehen. Aber sie wollte lieber in
ein Café. Okay, okay, kein Problem. Wir sind ins ‚Thalia'
gegangen, und haben Martini mit Cola getrunken. Ganz relaxt.

Auch die Musik war gut, aber sehr leise. Wir haben kurz über den Film gesprochen. Dann habe ich was über Motorräder erzählt und noch etwas von Frankreich. Sie war total interessiert und hat sich gut amüsiert, glaube ich. Das Café hat ihr gefallen und meine Geschichten auch. Kein Wort mehr von Alfred.

Gut, wir haben nicht die ganze Zeit gesprochen. Manchmal haben wir nichts gesagt. Man muss ja nicht immer sprechen. Finde ich.

Na ja, einmal habe ich kurz an Alfred gedacht. Über was haben die zwei die ganze Zeit geredet? Das möchte ich schon mal gerne wissen. Soll ich sie fragen? Besser nicht. Warum an diesem wunderschönen Abend von Alfred sprechen?

Wir haben lange in dem Café gesessen. Ich wollte immer noch tanzen gehen. Aber dann ist sie aufgestanden und wollte nach Hause.

„Tut mir leid", hat sie gesagt, „aber ich bin schon ziemlich müde."

Kein Problem. Ich kann das perfekt verstehen, die lange Party und so. Schade, aber gut, das nächste Mal. Ich freue mich schon.

Ja, ja, so war das, ein tolles Wochenende also. Wir beide endlich zusammen. Tamara und Bobo, das Traumpaar der Kollegstufe. War ja klar. Am Ende gewinne ich immer.

Wirklich, genau so ist alles passiert. Aber wie gesagt, eine Kleinigkeit stimmt nicht. Das muss ich noch kurz erklären. Das ist sehr, sehr wichtig!

Also: Ich bin nicht Bobo. Das war nur ein Scherz.

Ich bin Alfred. Ja genau, der Loser.

Gerade hat mich Tamara angerufen und hat mir ihr Wochenende erzählt. Von der Party, vom Kino und vom

‚Thalia‘. ‚Horror‘, hat sie gemeint, ‚absoluter Horror‘.
Wir treffen uns morgen in der Schule. Und nachmittags gehen
wir einen Kaffee trinken. Wie immer.

Dieb im Garten

Ich setze mich auf den Balkon, schaue in den Abendhimmel
und da steht plötzlich ... ein Dieb.
Nein, das ist jetzt kein Traum. Ich erzähle jetzt keine Geschichte
und sage am Ende: ... und dann bin ich aufgewacht.
Gut, ich bin ein bisschen müde, vielleicht schließe ich mal kurz
die Augen. Aber ich bin nicht eingeschlafen. Er steht immer
noch da.
Ich kann gar nicht schlafen. Ich bin hungrig und habe
Spaghetti gemacht. Ein Glas Wein und Musik. Leichter Jazz,
Miles Davis, ‚Kind of Blue‘, meine Nachtmusik. Ich will hier
draußen auf dem Balkon essen, unter mir der duftende Garten,
über mir der sternklare Himmel.
Aber das geht jetzt nicht. Da steht jetzt der Typ, an der
Gartenmauer hinter der Garage. Er hat mich noch nicht
gesehen. Aber ich, ich sehe ihn ganz genau. Das muss ein Dieb
sein.
Komisch, zuerst will man das gar nicht glauben. Blitzschnell
probiert man Möglichkeiten und sucht Alternativen. Ein neuer
Nachbar? Ein Arbeiter? Ein Spaziergänger? Aber was zum
Kuckuck machen die alle um halb zehn in meinem Garten?
Am Ende muss man die Realität akzeptieren: Ich habe einen
Dieb im Garten, einen Einbrecher direkt vor meiner Nase.

Also gut, ein Dieb. Aber will er wirklich zu mir? Bei mir gibt es
doch nichts zu holen! Gut, das Fahrrad an der Garage, aber das
ist nicht einmal ein Mountain-Bike. Nur ein altes Oma-
Fahrrad. Keine fünfzig Euro wert.
Vielleicht will er wirklich nicht zu mir. Wahrscheinlich will er
über die Mauer und zum Nachbarn. Natürlich, mein Nachbar!
Der Angeber hat doch diesen neuen superleichten Laptop. Und

diesen superflachen Luxusfernseher. Eine Einladung für
Kriminelle.

Ich gehe einfach ins Haus und warte fünf Minuten. Danach ist
er sicher weg. Aber wo ist er dann? Beim Nachbarn? Muss ich
den Nachbarn dann anrufen? ,Hallo, Manfred, mach mal die
Kiste aus und schau in deinen Garten!' Aber vielleicht weiß der
Dieb gar nichts von diesen Attraktionen und plötzlich ist mein
Fahrrad weg.

Der Typ steht immer noch da. Ich muss etwas tun. Hier und
jetzt. Ich muss etwas sagen. Genau! Ein klares Wort, mit
Autorität.
Im Prinzip kann nichts passieren. Ich bin auf dem Balkon und
er unten im Garten. Ich habe klar die bessere Position.
Hoffentlich hat er keine Pistole.
Also etwas sagen. Gut, aber was? Was sagt man in dieser
Situation? Die ist absolut neu für mich. Gibt es da Beispiele?
Habe ich das schon mal gehört? Nein, nie. Niemand hat einen
Dieb im Garten. Nur ich. Warum ich?
Bücher vielleicht? Gibt es Bücher zu diesem Thema?
Zu allen Problemen gibt es doch diese Ratgeber:
,Schwiegermutter im Haus', ,Chef im Schlafzimmer', kiloweise
Lebenshilfe. Aber zu ,Dieb im Garten', da schreibt niemand
was.
Gibt es die Situation in der Literatur? Da war doch dieser
Berliner Roman. Der Erzähler läuft betrunken durch die Nacht
und plötzlich steht ein Hund vor ihm. Ein großer, gefährlicher
Hund. Was soll er tun? Er macht einen großen Bogen und
kommt eine halbe Stunde später gut nach Hause. Müde, aber
glücklich. Happy-End. Ja toll, ich bin nicht betrunken und ich
kann auch keinen Bogen machen. Ich sitze auf meinem Balkon

und da unten steht ein Dieb.

Filme, gibt es vielleicht Filme?

Klar, Hollywood. Die amerikanische Familie im Haus und draußen der Psychopath. Was macht der Familienvater? Er springt natürlich vom Balkon, kämpft mit dem Killer und verliert natürlich. Aber die Mutter hat schon die Polizei gerufen. Tatü-Tata, fünfzehn Polizeiautos. Happy-End. Gut, ich kann auch springen. Aber wer ruft dann die Polizei? Nein. Besser, ich bleibe auf dem Balkon.

Halt, was ist das? Er bewegt sich! Er geht zwei, drei Meter, an der Mauer entlang, in meine Richtung.

Ich muss jetzt etwas sagen. Definitiv. Aber was?

‚Hey Sie, verschwinden Sie, aber dalli dalli!'

Moment mal, muss ich ‚Sie' sagen oder ‚du'?

‚Raus aus meinem Garten, hopp hopp!'

Das ist doch gut! Wahrscheinlich läuft er sofort weg. In Panik. Und ich hole das Fahrrad ins Haus und rufe die Polizei an. Aber vielleicht stört ihn das gar nicht. Vielleicht lacht er nur und macht einfach weiter. Was dann?

Wieder einen Meter. Er steht jetzt neben dem Fahrrad. Natürlich, er will das Fahrrad stehlen. Aber so nicht, Freundchen! Nicht mit mir, nicht vor meinen Augen. Ich bin doch kein Idiot!

Oder will er nur auf das Fahrrad steigen und in den Nachbargarten springen? Egal, absolut egal! Ich muss jetzt etwas tun.

Plötzlich stehe ich auf und frage so laut und klar wie möglich: „Was ist hier los?"

Ich warte. Ich glaube, der Satz kommt gut. Sicher, autoritär. Ein Schock für den Typen. Jetzt muss er reagieren. Aber er reagiert nicht. Er steht nur da und glotzt. Glaube ich. Ich kann sein Gesicht nicht genau sehen, aber er muss mich anglotzen.

Na, und jetzt? Mensch, sag doch endlich was! Ich habe doch was gefragt!

Ein Duell. Vielleicht hat doch er die bessere Position. Ich im Licht und er im Schatten.

Hey, wie lange sollen wir noch so dastehen? Sprich, sag endlich was!

„Nichts", höre ich plötzlich.

Uff, endlich ein Wort! Seine Stimme! Endlich bekommt dieses Phantom etwas Menschliches.

Aber die Antwort? ‚Nichts'.

Was ‚Nichts'? Wie ‚Nichts'? Steht in meinem Garten und sagt einfach ‚Nichts'. Frechheit! Ich warte, aber er schweigt. Bin ich jetzt wieder dran? Was erwartet der von mir?

Plötzlich bewegt er sich wieder. Ich glaube, er sieht noch einmal zum Fahrrad oder zum Nachbarhaus, aber dann geht er langsam los. Zurück, Richtung Straße. Er resigniert, ich habe gewonnen!

Zwischen den Bäumen bleibt er noch einmal stehen. Ich glaube, er sieht zu mir hoch. Was will er noch? Soll ich ihn grüßen? ‚Tschüs, danke für den Besuch und bis bald'?

Ein paar Sekunden, dann geht er weiter. Immer weiter, hinter den Bäumen kann ich ihn nicht mehr sehen.

Ich konzentriere mich. Schritte auf der Straße? Ein Automotor? Aber ich höre nichts mehr. Er ist weg. Hoffe ich.

Was nun? Schnell ins Wohnzimmer und die Polizei anrufen? Ich weiß nicht. Ich kann jetzt nicht telefonieren. Ich bin noch zu aufgeregt. Besser, ich warte noch ein paar Minuten. Hier auf dem Balkon. Am Ende kommt er wieder zurück.

Vor mir stehen immer noch der Teller Spaghetti und das Glas Wein. Die Pasta ist noch warm und der Wein noch kalt.

Plötzlich ist der Hunger wieder da. Ich nehme einen großen Schluck und beginne zu essen. Das tut gut! Ich sehe in den

Garten. Alles friedlich, alles still. Diese Stille und das Mondlicht über den Bäumen. Nur Miles Davis, ganz leise, ‚Kind of Blue‘. Langsam werde ich ruhig. Alles ist wieder gut. Ich gieße mir noch ein Glas ein. Ich kann schon wieder lachen.

‚Was ist hier los?‘ Meine Frage. Wie doof!

Und was hat der Typ geantwortet? ‚Nichts‘.

Nichts. Na ja, ich muss schon sagen: Irgendwie … irgendwie hatte er ja Recht.

Der 24. Oktober

Herr Karl wacht auf, reibt sich die Augen und sieht auf die Uhr. Kurz vor elf. Kurz vor elf? Schon kurz vor elf! Das heißt … sie sind nicht gekommen heute. Sie sind nicht gekommen und … sie kommen auch nicht mehr. Ist das möglich? Ist dieser Albtraum nun wirklich zu Ende? Hoffentlich! Alles ist wieder gut.

Er schließt noch einmal die Augen. Wann hat das angefangen, dieser Psychoterror? Vor einer Woche, genau vor einer Woche …

Ein Mittwoch, wie heute, morgens um halb zehn. Herr Karl steht auf, wie er jeden Tag um halb zehn aufsteht. Warum sollte er früher aufstehen? Seine Arbeit bei der Post beginnt erst um 12 Uhr. Er steht also auf, will Kaffee machen, duschen und dann frühstücken. So wie er jeden Tag Kaffee macht, duscht und dann frühstückt.

Da klingelt es plötzlich an der Tür. Normalerweise klingelt es nie an seiner Tür, nicht um halb zehn und später auch nicht. Der Postbote? Aber er bekommt fast nie Post. Ein Nachbar? Aber was für ein Nachbar? Herr Karl kennt seine Nachbarn gar nicht.

Vor der Tür diese drei Männer: der Typ mit dem schwarzen Mantel und die zwei Polizisten.

„Kommissar Soundso", sagt der Typ, „Kriminalpolizei, dürfen wir reinkommen? Wir haben ein paar Fragen an Sie."

„Augenblick mal", protestiert Herr Karl, „ich wollte gerade duschen."

„Duschen Sie ruhig", sagt der Kommissar und lächelt freundlich.

„Wir sehen uns inzwischen ein bisschen Ihre Wohnung an."

Unter der Dusche denkt Herr Karl, dass er das wahrscheinlich nur geträumt hat. Er hat noch geschlafen und das kalte Wasser hat ihn nun aufgeweckt. Natürlich! So war das! Er kann jetzt einfach in die Küche zurückgehen, die Typen sind sicher wieder weg. Er kann frühstücken wie immer und dann zur Post gehen. Ein ganz normaler Tag, wie alle Tage.

Aber die drei sind nicht weg. Im Gegenteil: Sie sind überall. Der eine Polizist läuft auf dem Korridor herum, der andere steht im Schlafzimmer. Ein Chaos! Und was für ein Krach! Respektlos öffnen sie Schränke und Schubladen und werfen die Sachen einfach raus: Seine Hosen liegen auf dem Tisch, Teller auf dem Bett, Papiere auf dem Boden. Unglaublich! Und was macht der Kommissar? Der sitzt gemütlich am Küchentisch und raucht eine Zigarette.

„Was ist denn hier los?", ruft Herr Karl. „Was machen Sie mit meiner Wohnung?"
„Setzen Sie sich", sagt der Kommissar in aller Ruhe. „Ich stelle hier die Fragen."
Was soll Herr Karl tun? Er setzt sich an den Tisch.
„Ist das Kaffee?", fragt der Kommissar und zeigt auf die Kanne.
„Mit Milch bitte, meine Kollegen auch."
Was soll Herr Karl tun? Er gießt drei Tassen voll. Er hat nur drei Tassen.
„Trinken Sie keinen?", fragt der Kommissar, nimmt einen Schluck und verzieht das Gesicht zu einer Grimasse.
„Mensch, haben Sie keinen Zucker?"
„Doch", sagt Herr Karl und zeigt auf die Dose auf dem Tisch.
„Na also", grinst der Kommissar und schüttet drei große Löffel Zucker in den Kaffee.

„Aber was ...", fragt Herr Karl vorsichtig, „ ...was ist passiert?"

„Genau das wollen wir von Ihnen wissen", sagt der Kommissar und nimmt wieder einen Schluck, jetzt ohne Grimasse, aber mit einem Grinsen. Die beiden Polizisten kommen auch in die Küche, nehmen sich den Kaffee, auch mit viel Zucker, auch mit diesem Grinsen.

„Was gefunden?", fragt der Kommissar.

„Nee, nichts, nur dunkelblaue Hemden und hellblaue Hosen", antwortet der eine.

„Papiersäcke", sagt der andere, „eine Menge Säcke mit altem Papier."

„Papiersäcke?", wiederholt der Kommissar und sieht Herrn Karl fragend an.

„Das sind alte Briefkuverts, von meinen Kollegen, ich sammle Briefmarken."

„Briefmarken? Interessant, sagt der Kommissar, „sehr interessant. Sucht weiter, Jungs, wir finden schon noch was."

„Jawohl", sagen die beiden gleichzeitig. „Aber wo?"

„Wohin führt diese Tür?", fragt der Kommissar und zeigt auf die Tür neben dem Küchenfenster.

„In die Speisekammer", antwortet Herr Karl.

„Gut", sagt der Kommissar, „du in die Speisekammer und du ins Wohnzimmer."

„Das geht nicht", sagt Herr Karl.

„Und warum nicht?", fragt der Kommissar unfreundlich.

„Ich habe kein Wohnzimmer", erklärt Herr Karl.

„Ach so. Na schön, dann ins Bad. Hopp, Hopp!"

Er zündet sich wieder eine Zigarette an und sagt gar nichts.

„Was wollen Sie denn nun eigentlich wissen?", fragt Herr Karl.

„Was Sie am 24. Oktober gemacht haben. Und bitte ganz genau. "

„Und warum wollen Sie das wissen?"

Der Kommissar sieht ihn an und lacht.

„Sie haben das Spiel immer noch nicht verstanden. Ich stelle hier die Fragen und Sie antworten. Ganz einfach. Also, was ist nun mit dem 24. Oktober?"

Der 24. Oktober. Immer wieder diese Frage! Jeden Tag. Warum der 24. Oktober? Er versteht das nicht. Absurd! Total absurd. Der 24. Oktober, das war ein Mittwoch vor ein paar Wochen. Ein ganz normaler Arbeitstag. Routine. Was soll er da gemacht haben? Warum zum Kuckuck sollte er sich an diesen verdammten Tag erinnern!

„Das kann doch nicht sein", insistiert der Kommissar jedes Mal, „das ist noch gar nicht lange her."

Nicht lange her, nicht lange her! Ja und? Es war ein normaler Tag, wie jeder andere, wie all die Tage von Herrn Karl. Er hat nichts bemerkt, nichts Spezielles. Herr Karl hat ihn gelebt und wieder vergessen, so wie er jeden Tag lebt und wieder vergisst. Das ist doch normal. Er kann doch nicht wissen, dass eines Tages ein Kommissar kommt und ihn gerade nach diesem Tag fragt.

„So, so", sagt der Kommissar, „dann zeigen Sie mir mal Ihren Terminkalender."

„Nein", sagt Herr Karl, „das geht nicht."

„Aha, und warum nicht?"

„Weil ich keinen Terminkalender habe."

Der Kommissar findet diese Antwort offenbar suspekt. Sehr suspekt.

„Und warum haben Sie keinen Terminkalender?"

„Weil ich keine Termine habe."

„Also gut", sagt der Kommissar endlich, „der 24. Oktober war also ein ganz normaler Tag für Sie. Schön, dann sagen Sie mir doch bitte, was Sie an einem normalen Tag machen."

Was soll Herr Karl erzählen? Es gibt praktisch nichts zu erzählen. Jeden Morgen steht er auf und macht Kaffee und duscht und frühstückt. Zwei Tassen und ein Brötchen mit Käse. Danach ein Glas Orangensaft. Und ein bisschen Obst.
Dann geht er normalerweise einkaufen, in den Supermarkt, und kauft Orangen und Käse und Brot und Zucker und Milch und Kaffee. Zu Hause räumt er noch ein bisschen die Wohnung auf und macht sich ein Brot für die Arbeitspause am Nachmittag. Und um Viertel vor zwölf geht er zur Arbeit, in das Postamt in der Poststraße.
Dort sortiert er Briefe, wiegt Briefe, stempelt Briefe und packt Briefe in große Postsäcke. Für die Postboten.
Der Kommissar nickt und macht eifrig Notizen.
„Moment mal, eine Frage", unterbricht er Herrn Karl. „Öffnen Sie manchmal auch die Post und lesen die Briefe?"
„Nein", protestiert Herr Karl, „natürlich nicht, das ist gegen das Briefgeheimnis!"
„Schon gut, ganz ruhig bleiben", sagt der Kommissar. „Erzählen Sie weiter!"

Erzählen, erzählen, es gibt nichts zu erzählen! Um halb neun macht er Schluss und geht nach Hause, isst ein Brot und ordnet seine Sammlung.
„Sammlung? Was für eine Sammlung?", unterbricht ihn der Kommissar schon wieder.
„Briefmarken, ich sammle doch Briefmarken", antwortet Herr Karl.
„Ach ja, stimmt", sagt der Kommissar.
Der Kommissar steht auf und geht ans Fenster.

„So, so", sagt er, „und genau das haben Sie also auch am 24. Oktober gemacht."

„Ja", sagt Herr Karl, „wahrscheinlich."

„Und Sie haben wirklich keine Ahnung, warum ich Sie das frage? "

„Nein", sagt Herr Karl, „absolut keine Ahnung."

„Hm", macht der Kommissar. „Sie lesen wohl keine Zeitung?"

„Nein", sagt Herr Karl, „fast nie."

„Aber Sie kennen den Juwelierladen „Böges" in der Hauptstraße?"

„Böges, Böges … ", Herr Karl denkt nach.

„Der Laden liegt auf Ihrem Weg zur Arbeit", hilft der Kommissar.

„Ach ja, stimmt", sagt Herr Karl.

„Ein schönes Geschäft", ergänzt der Kommissar.

„Ja, wahrscheinlich."

Ein schönes Geschäft, ein schönes Geschäft! Aber was hat das mit ihm zu tun? Herr Karl versteht nichts, gar nichts. Da kommt ein Kommissar mit zwei Polizisten und fragt ihn, ob er ein Geschäft in der Hauptstraße kennt. Ja, er kennt es, das Schaufenster mit dem Schmuck. Er geht da jeden Tag vorbei. Aber ist das ein Grund, ihm seinen Kaffee wegzutrinken und seine Hosen aus dem Schrank zu werfen?

„Sehen Sie", sagt der Kommissar. „das finden viele. Aber nicht viele haben das Geld, um dort einzukaufen. Diamanten sind nicht ganz billig."

Das mag sein, denkt Herr Karl, aber ist das sein Problem? Er möchte bei diesem „Böges" auch gar nicht einkaufen, er muss jetzt schnell in den Supermarkt und dann zur Arbeit. Fast halb zwölf, es ist höchste Zeit.

„Entschuldigen Sie", sagt Herr Karl, „aber ich muss jetzt
wirklich gehen."
„Gut", sagt der Kommissar, steht langsam auf und ruft seine
Kollegen.
„Das ist alles für heute", grinst er, „aber machen Sie sich keine
Sorgen, wir kommen wieder. Morgen und übermorgen und
überübermorgen. Immer wieder. Bis Sie uns alles erzählt haben
und bis wir gefunden haben, was wir suchen."

Am ersten Tag hat Herr Karl geglaubt, dass das ein Witz war.
Ein schlechter Scherz. Er hat die drei an die Tür gebracht und
ist dann schnell zur Post gelaufen. Ohne Kaffee, ohne
Frühstück. Er ist noch nie zu spät gekommen.
Aber schon am nächsten Morgen waren sie wieder da. Genau
um halb zehn. Das gleiche Chaos, der gleiche Krach. Exakt die
gleiche Prozedur.
Wieder hat sich der Kommissar drei große Löffel Zucker in den
Kaffee geschüttet und mit seinen Fragen begonnen. Wieder das
gleiche Grinsen, wieder die gleichen Fragen.
Und wieder ist Herr Karl danach schnell zur Post gelaufen.
Ohne Kaffee, ohne Frühstück. Und am nächsten Tag wieder,
und am übernächsten Tag auch wieder. Eine ganze Woche lang.
Richtiger Psychoterror, ein Albtraum ohne Ende.

Aber heute ist er zu Ende. Herr Karl öffnet die Augen und sieht
sich um. Alles in Ordnung, alles still, kein Geräusch. Diese
Ruhe, dieses Glück. Heute sind sie nicht gekommen. Er ist frei.
Er sieht wieder auf die Uhr. Fast halb zwölf. Schon spät. Aber
kein Problem. Alles ist gut, alles wird gut.
Herr Karl steht auf, macht Kaffee und setzt sich an den Tisch.
Er nimmt einen Schluck, schwarz wie immer, ohne Milch, ohne

Zucker. Herrlich!

Dann nimmt er die Zuckerdose und leert sie langsam auf den Tisch. Ganz vorsichtig. Mit dem Finger macht er ein Muster in den Zucker. Er zeichnet ein Bild: ein weißes Haus an einem weißen Strand, unter einem Sternenhimmel. Das macht Spaß! Er sieht noch einmal auf die Uhr. Es ist sehr spät, zu spät. Aber das macht nichts. Er geht heute nicht ins Postamt. Er holt die Diamanten aus dem Zucker und steckt sie in seine Tasche. Er wird nie wieder ins Postamt gehen.

Die Matratze

Es ist Freitagabend. Ich habe die Wohnung aufgeräumt und
dann gekocht. Ich freue mich schon auf die leckere Pasta. Aber
vorher will ich noch den Müll wegbringen. Plastik, Glas, Papier.
Zu den Containern auf dem finsteren Platz, wo sich nachts die
Penner treffen.

Auf dem Korridor klingle ich noch schnell bei meiner neuen
Nachbarin. Ich habe sie erst neulich kennen gelernt. Wir haben
uns kurz unterhalten. Eine tolle Frau. Sie ist Sozialarbeiterin
und sehr engagiert. Sie organisiert Projekte für Straßenkinder
und so was. Wirklich toll und sehr, sehr sympathisch!
Ich möchte sie ins Kino einladen. Ich weiß, heute ist es schon
zu spät. Aber ich kann sie fragen, ob sie Lust auf Spaghetti hat.
Vielleicht hat sie heute Abend noch nichts vor.
Ich klingle und klopfe, aber sie ist leider nicht zu Hause.
Schade!

Auf der Straße bemerke ich, dass ich die Hausschlüssel nicht
mitgenommen habe. Ich habe meine leichte Haushose an, und
die Schlüssel sind in der Jeans! So was Blödes!
Ich gehe zurück und klingle bei meinen anderen Nachbarn. Die
haben einen Schlüssel von mir. Zum Glück! Aber sie sind nicht
da. Komisch. Sie haben doch Kinder und sind abends immer
da.
Was tun? Ich klingle noch einmal bei der neuen Nachbarin. Sie
hat keinen Schlüssel, aber wir könnten vielleicht … aber sie ist
ja nicht da!
Andere Nachbarn? Aber ich kenne niemanden, und außerdem:
Dann bin ich wieder im Haus, aber noch nicht in meiner
Wohnung.

Ach ja! Ich habe die Schlüssel auch Freunden gegeben. Lisa und
Michael. Ich muss sie nur anrufen, denke ich. Das Handy ist
oben, aber es gibt ja immer noch Telefonzellen … Ach Gott, ich
habe auch kein Geld bei mir. Diese verdammte Haushose! Aber
ich wollte ja nur den Müll wegbringen!
Na ja, Lisa und Michael wohnen zum Glück nur ein
Viertelstündchen von hier. Wahrscheinlich sind sie auch zu
Hause. Sie sind Krimifans und freitags kommt immer der
„Tatort".
Na also, alles halb so schlimm, beruhige ich mich, nehme die
Müllsäcke und gehe los.

Der Plan ist sogar sehr gut, denn vielleicht kann ich auch gleich
die Matratze abholen. Nächste Woche kommt Besuch, ein
Pärchen. Und ich habe kein Gästebett.
„Das trifft sich gut", haben meine Freunde neulich gesagt, „wir
haben eine Matratze, praktisch neu, die brauchen wir nicht
mehr. Wir haben uns Futons gekauft."
Ob ich ein Auto für den Transport brauche, habe ich noch
gefragt.
„Ach was", hat Lisa geantwortet, „pack sie auf unseren
Sackkarren, und geh zu Fuß! Das ist viel einfacher und Michael
hilft dir sicher."

Ich komme zu dem Platz mit den Containern. Komische Typen
gibt es da. Einige sehen richtig gefährlich aus. Manche sitzen
auf den Bänken und lassen Bierflaschen kreisen. Andere liegen
schon schlafend am Boden. Und ein paar stehen flüsternd unter
den Arkaden, im Halbdunkel. Sehr mysteriös, richtig
unheimlich.
Weg mit dem Müll und schnell weiter, denke ich mir.

Ich werfe die leeren Flaschen in den Container. Glas auf Metall, das macht einen furchtbaren Lärm und dauert viel zu lange. Schrecklich! Einige der Kerle drehen sich schon um und sehen mich an, mit finsteren Mienen. Mich, den Ruhestörer! Es tut mir wirklich leid, aber was soll ich tun?

Ein Typ steht auf und kommt langsam zu mir. Soll ich die Säcke einfach stehen lassen und weglaufen? So diskret und schnell wie möglich?

Nein. Zu spät. Ich bleibe stehen und stopfe das Zeug weiter in den Container.

„Bisschen Kleingeld?", fragt der Typ.

Das geht ja noch, denke ich.

„Moment", antworte ich und greife in meine Hosentasche. Der Typ nickt und kratzt sich den langen Bart mit seinen schmutzigen Fingern.

Mein Gott, die Haushose! Ich habe ja immer noch die Haushose an.

„Ehm ... sorry, ich habe nichts da, wirklich", sage ich langsam. Seine Miene verfinstert sich.

„Mann, du wirst doch wohl 'ne Münze haben!"

„Nein, ehrlich nicht. Wissen Sie ..., ich wollte nur den Müll wegbringen."

Ich zeige auf die Säcke.

„Na schön, dann eben 'ne Zigarette", murmelt er.

Meine freie Hand greift wieder in die Hosentasche.

„Auch nicht", stottere ich, „ich wollte echt nur den Müll runterbringen, wirklich ..."

Der Kerl kommt einen Schritt näher, ich hebe vorsichtshalber die Hände vors Gesicht.

Er bleibt stehen und sieht mich noch einmal von oben bis unten an. „Blödmann!", zischt er und geht dann endlich langsam weg.

Uff! Noch mal Glück gehabt! Ich schüttle das Papier in den Papiercontainer und laufe ganz schnell weiter.

Das nächste Mal werde ich morgens kommen und nicht abends, und auf jeden Fall mit Kleingeld in der Tasche. Aber jetzt los zu meinen Freunden!

Ich muss sagen, ich fühle mich nicht sehr wohl in meiner Haushose. Auf der Straße sieht sie schon ein bisschen komisch aus. Und ich muss noch über den Rathausplatz und durch die Fußgängerzone, und auf dem Rückweg wahrscheinlich die Hauptstraße entlang. Außerdem spüre ich plötzlich ein paar leichte Regentropfen.

Aber gut, das ist ein Notfall. Ich brauche die Schlüssel und ich brauche die Matratze. So ist das. Ganz einfach.

Ich sehe auf die Uhr: kurz vor sieben. Vielleicht sitzen meine Freunde gerade beim Abendessen. Sicher laden sie mich dann ein. So ein Brötchen vor dem Umzug, das wäre nicht schlecht. Außerdem muss ich sowieso ein bisschen warten. Es fallen immer mehr Regentropfen. Aber das macht nichts. Denn nach dem Krimi wird mir Michael bestimmt helfen. Zu Hause dann die gute Pasta. Und vielleicht klopfe ich noch einmal bei der Nachbarin.

Ich stehe vor dem Haus meiner Freunde. Ich sehe hoch in den dritten Stock. Kein Licht im Wohnzimmer, in der Küche auch nicht. Wahrscheinlich sehen sie gemütlich im Schlafzimmer fern. Ich will sie wirklich nicht stören, aber es ist ein Notfall. Die beiden werden das bestimmt verstehen.

Ich klingle. Gleich geht das Fenster auf, hoffe ich, und Michael sieht runter und alles wird gut.

Aber das Fenster geht nicht auf. Ich warte und warte, aber alles

bleibt dunkel. Das darf doch nicht wahr sein! Ich klingle noch
einmal. Ganz lange.
Da! Ein Licht! Noch eins! Und plötzlich das Brummen des
Türöffners! Gerettet! Alles wird gut!

Michael ist nicht da, nur Lisa, aber auch nur noch fünf
Minuten. Sie steht vor dem Spiegel und schminkt sich. Sie
haben ein Abendessen bei Freunden. Michael ist schon dort. Sie
muss sofort los, schnell zum Bus.
„Da ist die Matratze", sagt sie freundlich, „und da ist der Karren
und eine Gummischnur. Das schaffst du auch alleine. Kein
Problem. Nimm dir, was du brauchst. Tut mir leid, aber ich
muss sofort ..."
„Alles klar", sage ich, „fehlt nur noch der Schlüssel."
„Ach ja, der Schlüssel! Mensch, wo haben wir denn den
Schlüssel?"
Sie kann den Schlüssel nicht finden.
„Ist das sehr schlimm?", fragt sie.
„Nein, lass nur", sage ich, „meine Nachbarn sind jetzt bestimmt
schon zu Hause."
„Bist du sicher?", fragt sie.
„Ganz sicher", antworte ich, ohne ganz sicher zu sein.
„Gut", sagt sie, „dann viel Spaß, wir telefonieren morgen.
Tschüs."
Und schon ist sie weg.

Ich sehe mir die Matratze an. Wirklich so gut wie neu. Aber
ganz schön schwer und ziemlich groß.
„Zwei Meter lang, eins vierzig breit", hat Lisa gesagt, „ideal für
ein Pärchen."
Ideal für ein Pärchen, das stimmt. Aber ideal zum
Transportieren? Ich weiß nicht ...

Aber gut, los jetzt, denke ich, in einer halben Stunde ist die Sache erledigt.

Ich ziehe die Matratze auf den Korridor, dann hole ich den Karren und die Gummischnur. Ich schiebe den Karren unter die Matratze und kippe sie ein bisschen. Dann spanne ich die Gummischnur einmal ganz fest um das ganze Ding.

Prima, denke ich, so wird es funktionieren.

Ich will schon die Wohnungstür zumachen, aber da sehe ich, dass es draußen regnet. Ganz leicht.

Wie blöd! Ich darf natürlich nass werden, aber die Matratze nicht. Ich gehe noch einmal in die Wohnung zurück. Ich brauche eine Art Folie, irgend etwas aus Plastik. In der Küche finde ich Mülltüten. Schwarz, Großformat. Nicht schlecht, das könnte gehen. Ich nehme drei, lege sie über die Matratze und befestige sie mit der Gummischnur. Nicht sehr ästhetisch, aber als Regenschutz besser als nichts.

Ich habe Glück. Das Matratzenpaket passt in den Lift ... aber unten nicht durch die Haustür. Ideal für ein Pärchen ... aber ein bisschen zu breit für die Haustür! Wieder alles zurück nach oben? Nein, es gibt kein Zurück.

Dann halt mit Gewalt! Ich quetsche das Ding durch die Tür, irgendwie geht es, aber der Preis ist hoch: Zwei der Mülltüten gehen kaputt. Na ja, macht nichts. Es regnet ja nur ganz leicht. Los jetzt! Hoch zur Hauptstraße, das ist der schnellste und bequemste Weg.

Irgendwie habe ich mir den Transport anders vorgestellt. Eine diskrete Aktion, niemand guckt. Ist ja auch nichts Besonderes. Viele schleppen hier etwas durch die Straßen: Pizzafahrer ihre Pizzaschachteln, Arbeiter ihr Baumaterial, Touristen ihre Riesenkoffer. Gut, das sind keine Möbel. Aber da gibt es doch

auch diese Studenten, die abends Stühle, Regale und ganze
Sofas vom Sperrmüll nach Hause holen. Okay, nur wenige
transportieren ihr Zeug durch die halbe Stadt, so wie ich, aber
das weiß ja niemand.
Ich habe also gehofft, nicht aufzufallen. Ein Fußgänger, nur
einer von vielen. Ein Fußgänger mit einer Matratze, na und?

Aber in der Hauptstraße gibt es fast keine Fußgänger mehr.
Und gar keine, die etwas transportieren. Warum? Vielleicht,
weil es inzwischen stärker regnet. Viel stärker. Die meisten
Leute stehen jetzt seitlich in den geschützten Hauseingängen
oder sitzen gemütlich in den überdachten Straßencafés.
Ich bin einer der wenigen, die noch weiterlaufen. Ich gehe ganz
langsam, das Kinn auf der oberen Matratzenkante, um etwas zu
sehen und mein Paket ein wenig zu stabilisieren.
Ich komme am Café „Viktor" vorüber. Da sitze ich auch
manchmal und beobachte gerne das Leben auf der Straße.
Interessant, spannend, unterhaltsam. Jetzt sitzen da andere
Leute und beobachten. Und das Leben auf der Straße, das bin
jetzt ich. Wie interessant, wie unterhaltsam: Mann mit Matratze
im Regen. Na und? Mensch, was glotzen die alle so blöd?
Ich höre das leise Lachen, ich sehe die Schadenfreude auf den
Gesichtern.
Ich schiebe weiter. Was soll ich Anderes tun? Mit der Matratze
kann ich ja nicht ins Café gehen. Und sie im Regen draußen
stehen lassen, das geht natürlich auch nicht. Und zurück? Nein,
es gibt kein Zurück!
Wenigstens ist jetzt der Weg frei. Ich komme gut voran. Aber
die Matratze wird immer nasser. Vom Regen und von den
Autos, die vorbeifahren. Egal jetzt. Nur weiter, immer weiter!
Ich gehe immer schneller, obwohl ich fast nichts sehe. Mit dem
Kopf muss ich die Matratze stützen, also kann ich nicht nach

vorne schauen.

Ich höre Autos bremsen und hupen, ein Fahrer brüllt böse aus dem Fenster, aber da kann man nichts machen. Ich kann jetzt nicht anhalten und mich entschuldigen. Nicht mit Worten, nicht mit einer Geste. Ich brauche Kopf, Arme und Hände für die Matratze, sonst fällt sie um, fällt in eine der schmutzigen Pfützen. Ich gehe weiter. Manchmal bleibe ich hängen, an Straßenschildern, Laternen, geparkten Fahrrädern. Die Mülltüten sind längst zerrissen.

Ein Mann mit einem Regenschirm kommt mir entgegen.. Fast ein Unfall! Im letzten Moment fahre ich ein bisschen zur Seite. Aber hinter ihm kommen immer mehr Leute. Sie strömen alle aus einem Gebäude, öffnen ihre Regenschirme und marschieren auf mich zu. Wie eine Armee.

Das „Apollo"-Kino, natürlich, Ende der Abendvorstellung. „Die unendliche Reise", dieser Fantasy-Thriller. Den will ich dieses Wochenende auch sehen, vielleicht mit meiner Nachbarin. Morgen Abend oder übermorgen.

Der Film ist gerade aus und eine Masse von Kinobesuchern kommt auf mich zu, alle mit geöffneten Schirmen. Plötzlich erscheint mir meine Matratze unglaublich breit, noch breiter als zuvor. Ist sie im Regen gewachsen? Sie ist wie eine riesige Blockade für die Menge auf ihrem Weg zur U-Bahn. Was jetzt? Auf die Straße kann ich nicht, zu viel Verkehr. Ich drücke mich an ein geparktes Auto, aber auch so ist kaum Platz zwischen Matratze und Häuserwand.

Die Masse kommt näher und immer näher. Sie müssen vor mir anhalten. Immer nur eine Person kann an meiner Matratze und mir vorbeigehen. Es gibt einen Stau. Jeder hat genug Zeit, mich und meine Matratze anzuglotzen, und so glotzt auch jeder

mich und meine Matratze an. Sehr peinlich! Ich höre Worte
wie ‚unter die Brücke‘ und ‚armer Spinner‘. Vor dem Café war
es noch Schadenfreude, jetzt ist es Mitleid.
Diese nasse Matratze, daneben ich mit meinen schmutzigen
Schuhen, in dieser lächerlichen Hose. Einsam und ungeschützt
stehen wir beide da.

Ich sehe eine Frau. Moment, die kenne ich! Aber woher?
Natürlich, meine Nachbarin! Aber sie erkennt mich nicht. Ich
will etwas sagen, … dass ich gekocht habe und sie einladen
wollte und mit ihr ins Kino gehen möchte und … Ich sage aber
nichts, ich kann nichts sagen. Da sitzt ein Riesenfrosch in
meinem Hals. Langsam, ganz langsam geht sie weiter.

Endlich bin ich wieder alleine. Die Leute sind weg, und
plötzlich hat der Regen aufgehört. Vielleicht wird die Sonne
morgen alles wieder trocknen, denke ich, auch meine Matratze.
Aber die Matratze ist nicht nur total nass, sondern auch kaputt.
Überall sind Löcher. Müde gehe ich weiter, ganz langsam,
überquere die Hauptstraße und komme endlich wieder in die
kleinen Gassen meines Viertels. Die Leute hier beachten mich
kaum, sie treten zur Seite und lassen mich durch.

Auf dem Platz mit den Containern gebe ich auf. Was soll das
Ganze? Es hat doch keinen Sinn! Die Matratze ist nur noch ein
nasses, formloses Etwas, schmutzig und unhygienisch. Die
Sonne morgen wird da nichts mehr nützen.

Und im Haus gibt es nicht einmal einen Lift. Das blöde Ding
vier Stockwerke hochtragen. Wozu? Hier, der Platz mit den
Müllcontainern, das ist der richtige Ort für die Matratze. Ich
stelle sie also an einen der Container. Den Karren auch, den

brauche ich jetzt auch nicht mehr. Von dort gehe ich dann
langsam zu meiner Wohnung.

Was für ein Desaster! Aber egal jetzt. Hauptsache, ich bin
wieder frei. Ohne diese schreckliche Last. Alles ist wieder gut.
Meine Freunde werden sich vielleicht wundern, aber ich kann
alles erklären: Der Regen, die Matratze wurde plötzlich immer
breiter und der Weg immer länger. So war das. Das müssen sie
verstehen.

Und meine Gäste nächste Woche? Auch egal, dann müssen sie
eben Luftmatratzen mitbringen. Nicht ideal für ein Pärchen,
aber … na und?

Vor meinem Haus ist die Welt für mich wieder in Ordnung.
Eine unglückliche Aktion, Pech gehabt. Aber alles halb so
schlimm.

Ich gehe jetzt hoch, denke ich, und klingle noch einmal bei
meiner neuen Nachbarin. Vielleicht ist sie ja auch schon zurück.
Und oben wartet auf jeden Fall ein leckeres Essen auf mich.
Aber Moment mal … die Schlüssel! Ich habe ja keine Schlüssel!
Das habe ich jetzt ganz vergessen. Damit hat der Schlamassel ja
angefangen!

Ich sehe auf die Uhr. Oh Gott, schon so spät, zu spät eigentlich.
Aber das ist ein Notfall! Eine Extremsituation. Ich klingle bei
den Nachbarn. Aber niemand ist da.

Das gibt es doch nicht, denke ich, die haben doch Kinder! Aber
vielleicht schlafen sie schon fest. Oder sind sie vielleicht für das
Wochenende weggefahren?

Ich klingle bei der neuen Nachbarin. Aber auch da nichts. Keine
Chance, ich gebe auf. Wohin jetzt? Mit der Hose kann ich mich
nirgends sehen lassen. Außerdem habe ich ja gar kein Geld bei
mir.

Langsam gehe ich auf den Platz zurück. Stille, Dunkelheit. Ein
paar Typen stehen immer noch unter den Arkaden, die Bänke
sind mit Schläfern besetzt. Der Karren ist schon weg, aber die
Matratze ist immer noch da. Ich bleibe einen Augenblick
stehen, dann packe ich sie und ziehe sie unter die Arkaden.
Dort lasse ich sie fallen und setze mich auf die letzte Ecke, die
noch trocken ist. Besser als nichts.
Plötzlich höre ich Schritte. Einer der Schatten kommt langsam
auf mich zu.
Oh Gott, auch das noch!
„Na, da bist du ja wieder."
Es dauert einen Moment, bis ich kapiere. Klar! Der Typ mit
dem Kleingeld und der Zigarette!
„Ich hab' immer noch kein Geld bei mir", sage ich leise.
„Schon gut." Er setzt sich einfach neben mich. „Zigarette?"
,Auch nicht', will ich schon sagen. Aber dann sehe ich, dass er
mir welche anbietet.
„Danke", sage ich und nehme mir eine.
„Ich wollte vorhin wirklich nur den Müll wegbringen."
„Klar", sagt er und zeigt mit dem Daumen zu den anderen.
„Das wollten alle hier, wir wollten alle mal nur den Müll
wegbringen."
„Halt, Moment mal!," protestiere ich. „Bei mir ist die Sache
anders, ganz anders … "
Ich will die Sache klarstellen, jetzt sofort. Aber in diesem
Augenblick steht er wieder auf, klopft mir auf die Schulter und
sagt: „Ist ja gut."
Schon ist er zwischen den Arkaden verschwunden. Ich versuche
auch aufzustehen. Aber ich bin zu müde. Ich bin völlig fertig.
Das war zu viel heute Abend, viel zu viel. Langsam lege ich
mich zurück. Die nasse Matratze unter meinem Kopf, die
Typen da in der Dunkelheit, aber auch das ist jetzt alles egal.

Wenig später wache ich auf. Ich sehe den Schein von
Taschenlampen.
Meine Freunde, denke ich, sie haben sich auf die Suche
gemacht und haben mich endlich gefunden. Alles wird gut.
Das Licht kommt näher, ich erkenne eine Art Uniform.
Oh nein, die Polizei, auch das noch!
„Guten Abend", höre ich eine Frauenstimme. Ich kenne die
Stimme. Aber woher? Das kann eigentlich nicht sein.
„Guten Abend", antworte ich, „sind Sie von der Polizei? Wissen
Sie, ich wollte wirklich nur den Müll wegbringen und dann …"
„Ganz ruhig", sagt die Stimme, "wir sind nicht von der Polizei.
Haben Sie Appetit auf eine warme Suppe?"
„Na ja, warum nicht? Ich meine, ich habe heute auch gekocht,
richtig leckere Pasta, wissen Sie, aber dann wollte ich noch den
Müll wegbringen und da habe ich die Schlüssel vergessen …"
„Schon gut", sagt der Engel vom Rotem Kreuz, hier ist
jedenfalls die Suppe."
„Ich weiß", sage ich und nehme den Becher, „Sie glauben mir
das nicht, aber ich wohne hier in der Straße …"
„Doch, doch, das glaube ich Ihnen gerne, ich wohne auch hier
in der Nähe", sagt sie leise und will schon weitergehen.
„Hausnummer 12, vierter Stock."
Drei, vier Sekunden Stille. Dann scheint mir die Taschenlampe
mitten ins Gesicht.
„Aber Herr Nachbar, was machen Sie denn hier?", fragt der
Engel und jetzt weiß ich auch, wer sie ist.
„Wirklich", höre ich mich weiterreden, „ich wollte Sie sogar
einladen, aber Sie waren nicht zu Hause, Sie waren ja im Kino,
also habe ich …"
Sie sieht mich fragend an.
„Kommen Sie", sagt sie, „wir gehen jetzt nach Hause. Aber
schnell, Sie sind ja ganz nass!"

„Aber das geht nicht, ich habe keine Schlüssel. Die sind in der Jeans."

„Das macht doch nichts. Sie kommen zu mir, ich habe ein Gästezimmer."

Ich stehe auf, sie macht die Taschenlampe aus. Ganz langsam gehen wir los.

„Aber morgen darf ich Sie einladen, nicht wahr?", frage ich.

„Aber natürlich", sagt sie leise, „morgen habe ich frei, da dürfen Sie mich gerne einladen."

Der relaxte Outdoor-Single

Sie sprechen kein Deutsch? Oder nur ein bisschen? Oder nicht so richtig? Keine Sorge! Die Deutschen sprechen auch kein Deutsch. Oder nicht so richtig. Der Unterschied: Sie können vielleicht nicht, und die Deutschen wollen meistens nicht. Oder nicht so richtig. Das ist nichts Neues, das war schon immer so.

Für die Deutschen waren andere Sprachen immer viel interessanter, attraktiver, kosmopolitischer.
Zum Beispiel Französisch. Wie chic, wie elegant, wie sexy!
Restaurant und nicht Gasthaus. Büro und nicht Arbeitszimmer.
Apartement und nicht Kleinwohnung. Necessaire und nicht Waschbeutel.
Genial!
Was machen wir also? Wir klauen einfach das Wort, wiederholen es immer wieder und -voilà!- schon existiert es auch im Deutschen. Rezitiert, adaptiert und basta! Das geht bis in die Familie. Wir haben Cousins und schon lange keine Vettern mehr.
Wer Geld hat, hat einen Chauffeur.
Wer Glück hat, einen freundlichen Chef.
Manchmal gibt es Probleme bei der Aussprache: Garage, Blamage, das ist okay. Aber Abonnement? Oder Parfum? Wie zum Kuckuck spricht man das aus? Parfüm oder Parfa oder doch Parfo? Hilfe! Vielleicht ist Französisch deshalb nicht mehr so in Mode. Sehr elegant, aber doch ein bisschen kompliziert.

Aber zum Glück haben wir ja Englisch! So wunderschön international, transkontinental, megaglobal! Popmusik, Informatik, Sport, Hollywood, alles spricht Englisch. So kurz und präzise, und die Aussprache: viel einfacher als Französisch.

All diese schönen neuen Verben! Warum übersetzen? Warum
deutsche Wörter suchen? Nein, wir nehmen die englischen,
setzen ein "en" ans Ende und schon geht es los.
Wir surfen im Internet, wir chatten und mailen, wir shoppen
und fighten. Und am Ende? Nein, da machen wir keine Pause.
Da ruhen wir uns nicht aus. Nein, nein, wir .... relaxen. Na klar!
Relaxen ... das ist doch viel besser als einfach nur auf dem Sofa
liegen. Relaxt relaxen, das ist mehr, das ist Wellness, das ist
Lifestyle.
Natürlich gibt es auch hier Probleme: nicht mit der Aussprache,
aber mit dem Perfekt zum Beispiel. Diese blöden Partizipien!
Wie heißt das nun? Ich habe mountaingebikt oder
gemountainbikt?
Na ja, ist ja auch egal. Hauptsache, die englischen Wörter
klingen wichtiger, imposanter, prägnanter.
Nehmen wir dieses ,nountainbike'. Sollen wir vielleicht
,Bergfahrrad' sagen? Das klingt doch wie ein Schwarzweißfilm!
Oma und Opa in den Alpen, oder was?
Oder zum Beispiel ,Single'. Das ist doch besser als ,einsam' und
,alleine'. Und mit ein bisschen Geld und einer Krawatte ist man
schon ein ,Yuppie'. Das geht blitzschnell.
Aber das Beste ist natürlich ,Handy'. Super, nicht wahr?
Wirklich cooler als ,Mobiltelefon'. Gut, die Engländer selbst
sagen gar nicht ,Handy', die Amerikaner auch nicht. Aber das
macht ja nichts, das muss ja niemand wissen ...

Das ist das Schöne an Englisch: Es ist immer sofort modern
und aktuell, in und up to date! Und so dynamisch! Jede
Bewegung, jede Aktivität ist gleich ein offizieller Sport. Ein
Gerundium mit ,-ing', ein bisschen Spezialmaterial - Hose,
Schuhe, Brille- und schon haben wir ein interessantes Hobby.
Eine Fachzeitschrift, dann ist es schon ein Trend. Und noch ein

paar Clubs, dann ist es definitiv ein Boom.

Wir rennen schon lange nicht mehr irgendwie im Wald herum, wir machen Jogging. (Aber Achtung: Das ist schon wieder out!) Wir wandern auch nicht mehr tagelang mit Zelt und Rucksack einsam durch die Berge ... Schade! Wandern, das war so schön typisch Deutsch. Einfach so, alleine mit der Natur. Ganz romantisch.
Wir laufen natürlich immer noch. Aber nicht am Alpensee in Tirol, sondern am Limit im Himalaya. Das heißt jetzt ‚Trekking‘ und ist nicht einsam und romantisch, sondern gut organisiert und gruppendynamisch.
Boot fahren auf wilden Flüssen und total nass werden ist jetzt auch kein lustiges Kinderspiel mehr. Das heißt jetzt ‚Rafting‘ und Sie sollten rechtzeitig reservieren. Im Ernst! Das ist auch kein schönes Ferienerlebnis mehr, sondern bitte ein Event-Highlight.
Aber vielleicht ist Ihnen das alles viel zu stressig. Und Sie gehen viel lieber einfach nur spazieren. Nein, Sie sind kein Loser! Sie sind auch nicht out! Sie machen ‚Nordic Walking‘, aber bitte nur mit Skistöcken und Spezialschuhen.
Übrigens, all diese Orte, der Wald, die Berge, der Fluss, das heißt jetzt auch nicht mehr Natur. Um Gottes willen, wir sind hier nicht bei Karl May oder Hermann Hesse. Natur heißt jetzt ‚Outdoor‘. Der Rest ist ‚Indoor‘.

Dieses Weltbild ist sehr praktisch und macht das Leben einfach. Ein Beispiel? Gerne.
Ein guter Freund von mir ist jetzt wieder allein. Genauer: Seine Freundin hat ihn letzte Woche -wie man so schön sagt- vor die Tür gesetzt. Natürlich hat er mir die Geschichte erzählt und natürlich habe ich gefragt: ‚Aber warum?‘. Und natürlich habe

ich Kompliziertes erwartet: Diskussionen, Sensibilitäten, Affekte, Defekte.

„Na ja", hat er geantwortet, „ich bin einfach ein totaler Outdoortyp und Inge ..., na Inge ist absolut Indoor."

Alles klar. Ich habe nicht weiter gefragt.

Er will jetzt eine Reise machen, hat er noch erzählt. Relaxen auf Kreta. Im Single-Adventure-Club. Und irgendwas mit ‚-ing‘.

Quellenverzeichnis

Fotos Seite